ACADEMIC

KOREAN LISTENING

Advanced Level

MP3 CD

대학 강의 수강을 위한

한국어 듣기

고급

연세대학교 한국어학당 편

연세대학교 대학출판문화원

대학 강의 수강을 위한

한국어 듣기 (고급)

편저자 연세대학교 한국어학당 교재편찬위원회
집필진 황인교 · 김성숙 · 정희정 · 홍윤혜 · 심신애 · 오은희
펴낸곳 연세대학교 대학출판문화원

주소 서울시 서대문구 연세로 50
전화 02) 2123-3380~2
팩스 02) 2123-8673
ysup@yonsei.ac.kr
http://www.yonsei.ac.kr/press
등록 1955년 10월 13일 제9-60호
인쇄 (주)태화북스
녹음 MS미디어
성우 윤미나 · 전광주

2012년 5월 25일 1판 1쇄 2015년 7월 30일 1판 3쇄
ISBN 978-89-7141-997-7 (08710)
978-89-7141-987-8 (세트)

값 14,000원 (CD 포함)

머리말

국내 최고의 명성으로 한국어 교육의 50년 전통을 이어 온 연세대학교 언어연구교육원 한국어학당에서는 한국어 교육의 질을 높이기 위해 그동안 많은 교재를 편찬해 왔다. 최근 한국 내 대학, 대학원에서 수학하고 있거나 진학하고자 하는 외국인이 증가함에 따라 학문을 목적으로 하는 한국어 교재에 대한 학습자들의 요구가 높아지고 있다. 이에 따라 연세대학교 언어연구교육원 한국어학당에서는 대학 수학을 목적으로 하는 외국인 유학생들을 대상으로 한국어와 한국 문화를 교육할 수 있는 새로운 교재를 출간하게 되었다.

연세대학교 언어연구교육원 한국어학당에서 출간하는 이 교재는 대학 생활에 필요한 의사소통 기능을 집중적으로 향상시킬 수 있는『대학 생활을 위한 한국어』시리즈와 대학에서의 수학 능력을 집중적으로 향상시킬 수 있는『대학 강의 수강을 위한 한국어』시리즈로 되어 있다.『대학 생활을 위한 한국어』시리즈는 초급 학습자를 위한『대학 생활을 위한 한국어 초급』, 중급 학습자를 위한『대학 생활을 위한 한국어 중급Ⅰ』,『대학 생활을 위한 한국어 중급Ⅱ』로 되어 있으며,『대학 강의 수강을 위한 한국어』시리즈는 중급 학습자를 위한『대학 강의 수강을 위한 한국어 중급Ⅰ』,『대학 강의 수강을 위한 한국어 중급Ⅱ』그리고 고급 학습자를 위한『대학 강의 수강을 위한 한국어 고급』으로 되어 있다.

『대학 생활을 위한 한국어』시리즈는 한국어 학습 단계별로 요구되는 내용을 주제로 말하기, 듣기, 쓰기 능력을 향상할 수 있도록 다양한 과제와 활동으로 구성된 분리형 교재이다. 그리고『대학 강의 수강을 위한 한국어』시리즈는 대학 수학에서 요구되는 기능과 장르를 중심으로 말하기, 듣기, 쓰기, 읽기 능력을 향상할 수 있도록 실용적인 과제와 활동으로 구성된 분리형 교재이다. 이들 교재에서는 학습자들이 흥미를 가질 수 있는 주제와 상황을 기초로 여러 가지 의사소통 기능 및 전략을 배울 수 있도록 배려하였다.

『대학 생활을 위한 한국어』와『대학 강의 수강을 위한 한국어』가 연세대학교 언어연구교육원 한국어학당에서 공부하는 학생들뿐만 아니라 한국 내에서 대학, 대학원 수학을 목적으로 하고 있는 모든 한국어 학습자들에게 도움이 되기를 바란다.

연세대학교 언어연구교육원
한국어학당 교재편찬위원회

일러두기

『대학 강의 수강을 위한 한국어 듣기 고급』은 한국어 학습을 통해 대학 강의를 수강하거나 교양 수업 수강이 가능하도록 설계하였다. 한국에서 대학에 진학하는 외국인 및 교포에게 필요한 인문, 사회, 경제, 예술 분야 10개 과목의 강의 20개를 총 10개 과로 구성하였다. 1개 과목의 강의 2개를 들으며 핵심 정보 요약, 흐름 파악, 의도 및 태도 파악, 요지 및 내용 파악, 세부 내용 이해 등의 듣기 전략을 익히도록 구성하였다. 각 과는 '도입, 강의 듣기, 생각해 봅시다'의 세 단계로 구성되었다.

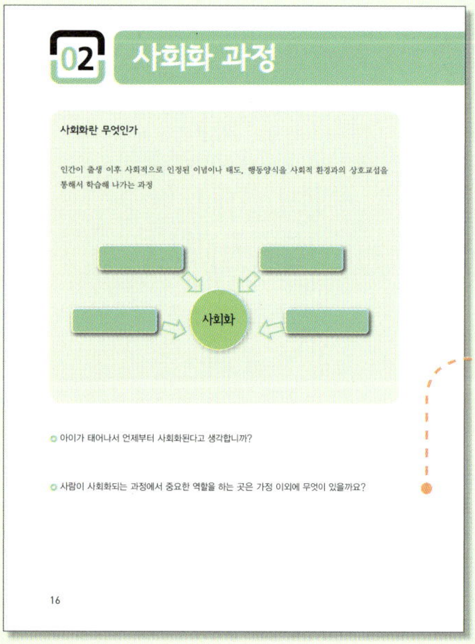

02 사회화 과정

사회화란 무엇인가

인간이 출생 이후 사회적으로 인정된 이념이나 태도, 행동양식을 사회적 환경과의 상호교섭을 통해서 학습해 나가는 과정

아이가 태어나서 언제부터 사회화된다고 생각합니까?

사람이 사회화되는 과정에서 중요한 역할을 하는 곳은 가정 이외에 무엇이 있을까요?

16

준비해봅시다

강의 내용과 관련된 시각자료를 제시하여 내용 이해를 돕고 도입 자료로 활용할 수 있도록 하였다.

간단한 질문을 통해 배울 내용을 생각해 볼 수 있도록 하였다.

들어봅시다

강의 듣기는 2개 강의로 구성하되 강의 내용에 따라 적절한 듣기 전략을 학습하도록 하였다.

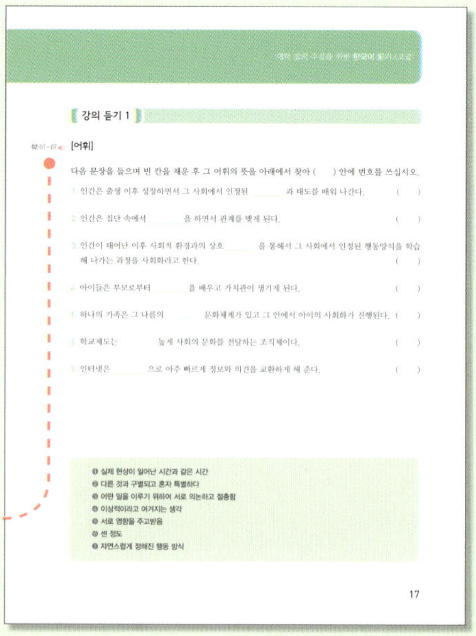

강의 듣기 1

[어휘]

다음 문장을 들으며 빈 칸을 채운 후 그 어휘의 뜻을 아래에서 찾아 (　) 안에 번호를 쓰십시오.

1. 인간은 출생 이후 성장하면서 그 사회에서 인정된 ______ 과 태도를 배워 나간다. (　)
2. 인간은 집단 속에서 ______ 을 하면서 관계를 맺게 된다. (　)
3. 인간이 태어난 이후 사회적 환경과의 상호 ______ 을 통해서 그 사회에서 인정된 행동양식을 학습해 나가는 과정을 사회화라고 한다. (　)
4. 아이들은 부모로부터 ______ 을 배우고 가치관이 생기게 된다. (　)
5. 하나의 가족은 그 나름의 ______ 문화체계가 있고 그 안에서 아이의 사회화가 진행된다. (　)
6. 학교제도는 ______ 높게 사회의 문화를 전달하는 조직체이다. (　)
7. 인터넷은 ______ 으로 아주 빠르게 정보와 의견을 교환하게 해 준다. (　)

① 실제 현상이 일어난 시간과 같은 시간
② 다른 것과 구별되고 혼자 특별하다
③ 어떤 일을 이루기 위하여 서로 의논하고 절충함
④ 이상적이라고 여겨지는 생각
⑤ 서로 영향을 주고받음
⑥ 센 정도
⑦ 자연스럽게 정해진 행동 방식

17

듣기 전에 내용 이해에 필요한 기본 어휘를 학습하도록 하였다. 문장을 들으며 빈 칸에 어휘를 받아 쓴 후에 아래 제시된 보기 가운데 적절한 의미를 골라 뜻을 확인하도록 하였다.

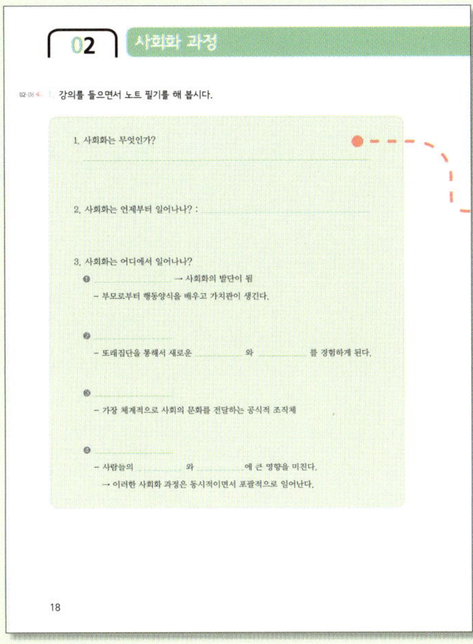

강의를 들으면서 주요 내용을 노트하도록 하였다.

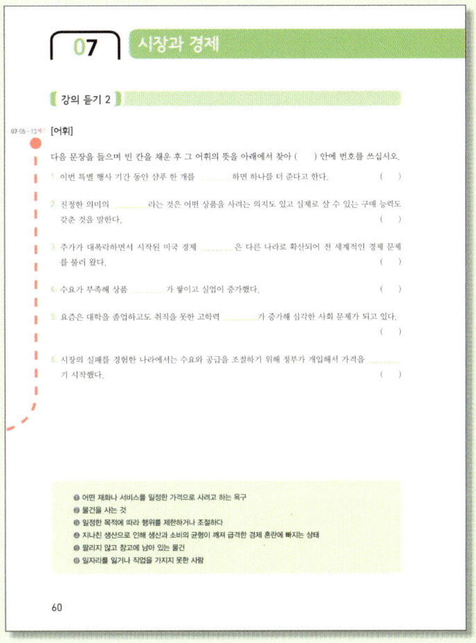

듣기 전략을 익힐 수 있도록 다양한 유형의 연습 문제를 풀도록 하였다.

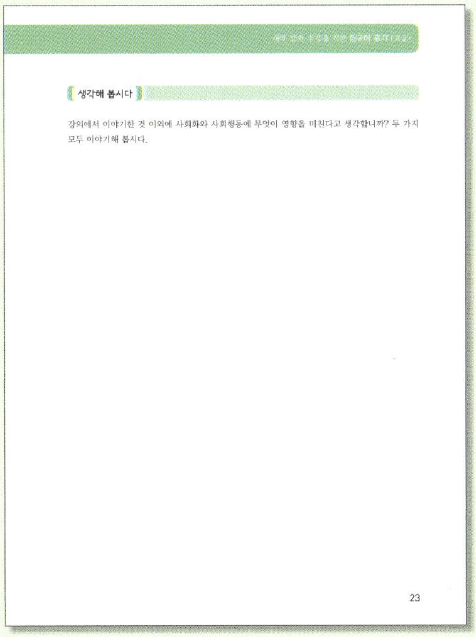

정리해봅시다

들은 내용을 다시 한 번 정리하고 자신의 의견 또는 생각을 이야기하도록 하였다.

차례

내용 구성

과	주제	제목	듣기 전략	
			강의 듣기 1	강의 듣기 2
1	인문	성격과 심리	• 핵심 정보 요약 • 의도 및 태도 파악 • 세부 내용 이해	• 핵심 정보 요약 • 요지 및 내용 파악 • 흐름 파악
2	사회	사회화과정	• 핵심 정보 요약 • 요지 및 내용 파악 • 흐름 파악	• 핵심 정보 요약 • 세부 내용 이해 • 의도 및 태도 파악
3	경제	경제와 생활	• 핵심 정보 요약 • 요지 및 내용 파악 • 흐름 파악	• 핵심 정보 요약 • 세부 내용 이해 • 의도 및 태도 파악
4	예술	영화의 이해	• 핵심 정보 요약 • 요지 및 내용 파악 • 흐름 파악	• 핵심 정보 요약 • 세부 내용 이해 • 의도 및 태도 파악
5	인문	르네상스의 재발견	• 핵심 정보 요약 • 흐름 파악 • 요지 및 내용 파악	• 핵심 정보 요약 • 의도 및 태도 파악 • 세부 내용 이해
6	사회	법과 사회	• 핵심 정보 요약 • 요지 및 내용 파악 • 흐름 파악	• 핵심 정보 요약 • 세부 내용 이해 • 의도 및 태도 파악
7	경제	시장과 경제	• 핵심 정보 요약 • 요지 및 내용 파악 • 흐름 파악	• 핵심 정보 요약 • 세부 내용 이해 • 의도 및 태도 파악
8	사회	교육의 이해	• 핵심 정보 요약 • 요지 및 내용 파악 • 흐름 파악	• 핵심 정보 요약 • 세부 내용 이해 • 의도 및 태도 파악
9	자연	도시의 기후	• 핵심 정보 요약 • 흐름 파악 • 의도 및 태도 파악	• 핵심 정보 요약 • 요지 및 내용 파악 • 세부 내용 이해
10	인문	문학과 비평	• 핵심 정보 요약 • 흐름 파악 • 세부 내용 이해	• 핵심 정보 요약 • 요지 및 내용 파악 • 의도 및 태도 파악

01 성격과 심리

ISTJ 세상의 소금형	ISFJ 임금 뒷편의 권력형	INFJ 예언자형	INTJ 과학자형
ISTP 백과사전형	ISFP 성인군자형	INFP 잔다르크형	INTP 아이디어 뱅크형
ESTP 수완좋은 활동가형	ESFP 사교적인유형	ENFP 스파크형	ENTP 발명가형
ESTJ 사업가형	ESFJ 친선도모형	ENFJ 언변능숙형	ENTJ 지도자형

- 젊은 아가씨의 뒷모습인가요?
- 나이 많은 할머니의 옆모습인가요?

- 여러분의 성격은 위 표의 성격 가운데 어떤 유형입니까?

- 성격 검사를 해 본 적이 있습니까? 있다면 언제 왜 그 성격 검사를 하게 되었습니까?

강의 듣기 1

01-01 ~ 07 [어휘]

다음 문장을 들으며 빈 칸을 채운 후 그 어휘의 뜻을 아래에서 찾아 (   ) 안에 번호를 쓰십시오.

1. 자기 안의 세계에 갇혀 있는 ________들은 사회적인 상호 작용이 거의 안 된다. (   )

2. '너 자신을 알라'는 말은 돌다리도 두드려보고 건너듯 ________게 판단하라는 뜻으로 해석할 수도 있다. (   )

3. 사회적인 상호 작용은 인간의 행동이 목적 지향적이라는 것, 즉 다른 사람의 행동에는 어떤 ________가 있다는 사실을 인식해야 가능한 일이다. (   )

4. 사회 생활을 잘 하려면 겸손하게 행동하고 ________을 부리지 말아야 한다. (   )

5. 우리는 남의 기대를 충족시키거나 기대한 것 이상을 성취할 때 ________를 느낀다. (   )

6. 다른 사람들의 시선에 신경을 별로 안 쓰는 사람들은 동료 집단 내에서 잘 못 지내고 그래서 ________이 떨어진다. (   )

7. 사회생활을 하면서 다른 사람과 의견 ________이나 마찰이 생길 때 사람들은 성격에 대해서 관심을 가지기 시작한다. (   )

① 지나친 욕심
② 서로 마음이 맞지 않아 맞부딪침
③ 매우 조심스러운 태도로 일을 처리하다
④ 자신의 능력에 대해 자랑스러워하는 마음
⑤ 무엇을 하고자 하는 마음속의 생각이나 계획
⑥ 모여서 살려고 하는 인간의 근본 성질, 사교성
⑦ 타인과 교섭하기를 싫어하며 자기만의 세계에 틀어박힌 아이

01 성격과 심리

01-08 1. 강의를 들으면서 노트 필기를 해 봅시다.

• 성격을 안다는 것의 사회적 의미

노트 필기에 유용한 부호

∴	그러므로
※	중요함
↑	증가
↓	감소
cf)	참조, 비교
ex)	예를 들면

1. 성격을 알면 무엇이 좋은가?

1) '너 자신을 알라' (by____________________?)

____________________ (그리스)에 쓰여 있음.

↓

국가적으로나 개인의 삶에서 중대한 결정을 해야 될 때

신의 계시를 얻고 싶을 때 가서 기도를 하고 신탁을 받았던 곳.

※ 심리학에서 '너 자신을 알라'라는 말의 의미 :

____

____

____

∴ 성격을 얼마나 잘 아느냐에 따라서 ____________________가 정해짐.

2. 우리는 왜 자신과 타인의 성격을 알고 싶어 하는가?

1) 다른 사람이 나에게 ____________________하는 것에 나를 맞추려고 하고

나 역시 다른 사람에게 어떤 ____________________를 가지고 있기 때문

예 자폐아 : ____________________이 떨어짐.

2) 원만한 사회생활을 하려면 다른 사람에게 어떤 감정과 ____________________와

믿음과 ____________________가 있는지 알아야 된다.

2. 다음 질문에 답하십시오.

1) 이 강사가 성격에 대해 이야기하면서 자폐아의 증상을 설명한 이유는 무엇입니까?

2) 강사는 왜 '너 자신을 알라'는 말을 인용했습니까? (　　)

❶ 언제나 겸손하게 행동해야 한다는 도덕적 명제를 예시하려고
❷ 분수에 맞지 않게 욕심을 부리면 안 된다는 교훈을 설명하려고
❸ 많이 생각해보고 신중하게 판단하라는 일반적인 의미를 전달하려고
❹ 성격을 알면 문제를 해결할 수 있다는 오늘의 강의 주제를 도입하려고

3) 이 강사는 일이 잘 안 풀리는 사람들에게 어떤 처방을 제시합니까? (　　)

❶ 우물을 파도 한 우물을 파라고　　❷ 시작이 반이라고
❸ 말 한마디로 천 냥 빚을 갚을 수 있다고　　❹ 돌다리도 두드려보고 건너라고

4) 다음 내용이 이 강의의 내용과 같으면 ○, 다르면 × 하십시오.

(1) 이랬다저랬다 하는 사람은 성공하기 어렵다. (　)
(2) '너 자신을 알라'라는 말은 소크라테스가 처음 했다. (　)
(3) 원만한 사회생활을 하기 위해서 전문적인 성격 검사를 받아볼 필요가 있다. (　)

01 성격과 심리

01-09~15

강의 듣기 2

[어휘]

다음 문장을 들으며 빈 칸을 채운 후 그 어휘의 뜻을 아래에서 찾아 (   ) 안에 번호를 쓰십시오.

1. 인간은 서로에게 기대가 있음을 알고 그 기대를 ________시키려고 노력하는 사회적 존재이다. (   )

2. 한 사람이 가진 여러 모습에서 그 사람의 성격을 유추하는 데 필요한 ________들을 발견할 수 있다. (   )

3. 타인의 성격을 아는 것은 모나지 않게 ________사회 활동을 하는 데 도움이 된다. (   )

4. 내가 파악한 상대방의 성격이란 게 처음부터 내가 그 사람을 어떻게 보느냐와 관련된 문제지 그 사람이 원래________적으로 어떤 사람이냐 하고는 아무 관련이 없다. (   )

5. 어떤 사람을 처음 만나서 그 사람이 겉으로 드러내는 면과 또 다른________을 동시에 본다는 게 쉬운 일은 아니다. (   )

6. 상대방의 성격을 알려면, 즉 상대방의 성격을________할 때는 그 사람이 처한 상황이나 나와의 관계 등을 고려해야 한다. (   )

7. 하나의 그림에서 두 가지 이상의 사물을 보도록 하는 그림은 우리 눈의________현상을 이용한 것이다. (   )

❶ 착각으로 잘못 봄
❷ 일정한 조건에 맞추어 모자라지 않게 함
❸ 어떤 사물이 본래부터 갖고 있는 고유한 성질
❹ 서로 사이가 좋고 일이 순조롭게 진행되다
❺ 복잡한 문제를 해결하기 위한 처음, 실마리
❻ 물체의 옆면, 어떤 사건의 중심이 아닌 부차적인 면
❼ 어떤 대상의 내용이나 본질을 손으로 잡아 쥐듯이 확실히 이해함

01-16 1. 강의를 들으면서 노트 필기를 해 봅시다.

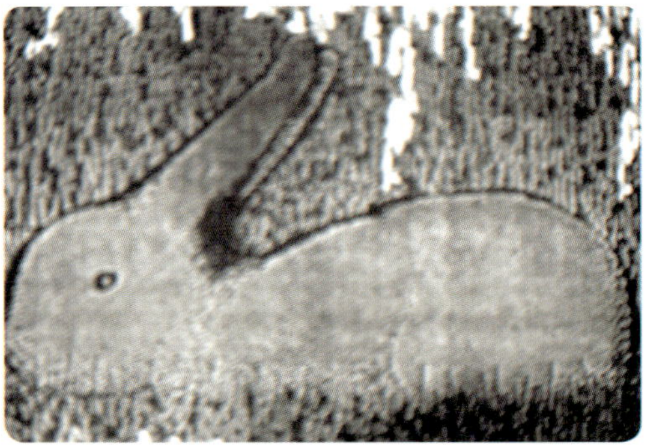

01 성격과 심리

※ 대상의 다양한 측면을 보는 연습을 통해 인간의 복합적인 성격을 파악하는 연습을 할 수 있음.

1. 토끼 그림 : 오리로도 볼 수 있다.

실마리, 힌트 ¹ㄱ

∴ 한 사람의 여러 가지 ______ 을 보는 데 익숙해지면 그 사람이 주는 ______ 들을 한꺼번에 볼 수 있다.

2. 먹물 그림 : 농촌 사람은 소를 보고 도시 사람은 개를 봄.

∴ 내가 파악한 상대방의 성격이란 내가 그 사람을 ______________이다. 그 사람이 실제로 ______________하고는 아무 관련이 없다.

3. 괴물 그림 : 배경에 따라 달라 보임.

∴ 어떤 사람의 성격은 어떤 ________________에 있느냐에 따라서 나와의 ________________가 어떠냐에 따라서 다르게도 보일 수 있다.

4. 옥상 사진 : 착시 현상?

– 이상한 것을 보면 이해할 수 있는 부분만 보고 ______________________.

∴ 타인의 성격을 볼 때도 ______________________려고 하므로 실제 있는 것을 그대로 보지 못한다.

2. 다음 질문에 답하십시오.

1) 지난 시간 강의는 무엇에 대한 것이었습니까?

2) 여러 가지 그림을 보는 활동을 통해서 이 강사가 설명하고 싶어하는 내용은 무엇입니까?

3) 다음 그림 자료와 관계있는 설명을 알맞게 연결하십시오.

㉠ 토끼 •	• ❶ 한 사람을 다각적으로 평가하는 데 익숙해질 필요가 있다.
㉡ 먹물 •	• ❷ 어떤 정치인이 죽고 나면 보통 그 평가가 달라지게 마련이다.
㉢ 괴물 •	• ❸ 타인의 성격을 파악할 때 첫인상과 선입견이 많은 영향을 미친다.
㉣ 옥상 •	• ❹ 사람들은 이상한 사건을 접하면 자기가 이해할 수 있는 부분만 본다.

4) 다음은 어느 그림 자료에 이어지는 설명이겠습니까? ____________사진

> 대부분의 부모는 자녀를 있는 그대로 보는 것이 아니라 자기가 바라는 어떤 모습에 맞추려고 그럽니다. 부모가 이해할 수 없는 모습을 자식이 가지고 있을 때 부모는 애써 그 모습을 보지 않으려고 합니다. 그리고 나중에 그 예상하지 않았던 모습이 나타나면 "네가 어떻게 나의 기대를 배신할 수 있단 말이냐?" 이런 이야기를 하게 되는 거죠.

생각해 봅시다

성격을 알면 현재의 문제를 해결할 수 있을 뿐만 아니라 미래도 예측할 수 있다는 이 강사의 주장에 동의하십니까? 왜 그렇게 생각하는지 근거를 들어서 자신의 의견을 제시해 봅시다.

02 사회화 과정

사회화란 무엇인가

인간이 출생 이후 사회적으로 인정된 이념이나 태도, 행동양식을 사회적 환경과의 상호교섭을 통해서 학습해 나가는 과정

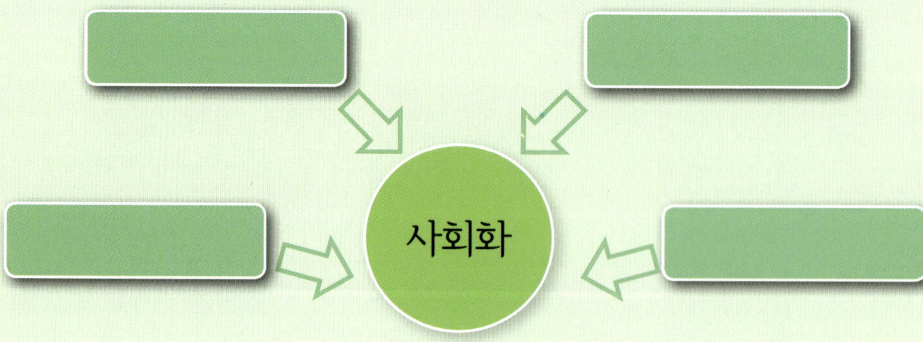

- 아이가 태어나서 언제부터 사회화된다고 생각합니까?

- 사람이 사회화되는 과정에서 중요한 역할을 하는 곳은 가정 이외에 무엇이 있을까요?

강의 듣기 1

02-01 ~ 07 [어휘]

다음 문장을 들으며 빈 칸을 채운 후 그 어휘의 뜻을 아래에서 찾아 (　　) 안에 번호를 쓰십시오.

1. 인간은 출생 이후 성장하면서 그 사회에서 인정된 ________과 태도를 배워 나간다. (　　)

2. 인간은 집단 속에서 ________을 하면서 관계를 맺게 된다. (　　)

3. 인간이 태어난 이후 사회적 환경과의 상호________을 통해서 그 사회에서 인정된 행동양식을 학습해 나가는 과정을 사회화라고 한다. (　　)

4. 아이들은 부모로부터 ________을 배우고 가치관이 생기게 된다. (　　)

5. 하나의 가족은 그 나름의 ________ 문화체계가 있고 그 안에서 아이의 사회화가 진행된다. (　　)

6. 학교제도는 ________ 높게 사회의 문화를 전달하는 조직체이다. (　　)

7. 인터넷은 ________으로 아주 빠르게 정보와 의견을 교환하게 해 준다. (　　)

❶ 실제 현상이 일어난 시간과 같은 시간
❷ 다른 것과 구별되고 혼자 특별하다
❸ 어떤 일을 이루기 위하여 서로 의논하고 절충함
❹ 이상적이라고 여겨지는 생각
❺ 서로 영향을 주고받음
❻ 센 정도
❼ 자연스럽게 정해진 행동 방식

02 사회화 과정

02-08 1. 강의를 들으면서 노트 필기를 해 봅시다.

1. 사회화는 무엇인가?

____

2. 사회화는 언제부터 일어나나? : ____________________

3. 사회화는 어디에서 일어나나?

❶ ____________ → 사회화의 발단이 됨

– 부모로부터 행동양식을 배우고 가치관이 생긴다.

❷ ____________

– 또래집단을 통해서 새로운 ________ 와 ________ 를 경험하게 된다.

❸ ____________

– 가장 체계적으로 사회의 문화를 전달하는 공식적 조직체

❹ ____________

– 사람들의 ________ 와 ________ 에 큰 영향을 미친다.

→ 이러한 사회화 과정은 동시적이면서 포괄적으로 일어난다.

2. 다음 질문에 답하십시오.

1) 이 강의의 요지는 무엇입니까?

2) 다음 중 이 강의에서 나타난 사회화의 내용과 <u>**다른**</u> 것을 고르십시오. (　　)

❶ 사회화를 통해 가치관과 행동양식이 형성된다.

❷ 사회화는 그 사회의 문화에 적응해 나가는 과정이다.

❸ 사회화를 통해 그 사회 사람들의 생각을 배워 나간다.

❹ 사회화는 성장 단계별로 여러 곳을 이동하면서 형성된다.

3) 이 강의에 앞서 어떤 내용의 강의가 진행되었을까요?

4) 다음을 들은 내용의 순서에 맞게 정리하십시오. (❷)-(　　)-(　　)-(　　)-(　　)

❶ 지금까지 엄마, 아빠 가족하고만 관계를 맺고 그 역할에 익숙했던 아이들에게 또래와의 만남은 어떤 다른 세계와의 경험일 겁니다.

❷ 여러분 언제부터 인간은 사회화되는 걸까요? 사회화가 뭐예요?

❸ 방송이나 신문의 역할은 요즘 생활에서는 거의 절대적이죠? 특히 인터넷이라는 이 실시간 소통 매체는 얼마나 빨리 정보와 의견을 교환하게 해 줘요? 이것이 바로 사람들의 의식구조와 가치관 형성에 엄청난 영향을 미치는 거죠.

❹ 그런데 여기서 주의할 점은 이 사회화과정들이 서로 별개로 떨어져 있는 것이 아니라 동시적이면서 포괄적이라는 것입니다.

❺ 인간은 어떤 집단 속에서 상호작용을 하면서 관계를 맺게 되죠. 그 사회의 이념이나 태도를 배워 가면서 말이에요.

02 사회화 과정

강의 듣기 2

02-09 ~ 15 [어휘]

다음 문장을 들으며 빈 칸을 채운 후 그 어휘의 뜻을 아래에서 찾아 (　　) 안에 번호를 쓰십시오.

1. 우리는 ________ 태도로 행동을 하게 된다. (　　)

2. 행동 요인의 예를 들자면 경쟁, 공격, 협동, ________과 같은 요인들을 들 수 있다. (　　)

3. 행동 방식이 다른 것은 문화적 차이에서 ________. (　　)

4. 그 사람이 속한 사회의 ________가 그 사람의 사회 행동에 영향을 준다. (　　)

5. 이 사회에서 어떤 ________인가에 따라서 주어진 역할이 다를 수 있다. (　　)

6. ________ 집단의 역할에 따라 사회적 행동체계도 달라진다. (　　)

7. ________에 따라 주어지는 역할이 다르다. (　　)

❶ 부분이나 요소가 전체를 구성해서 이룬 것
❷ 사회적 지위가 비슷한 사람들의 층
❸ 옳고 그름의 가치를 목표로 해서 그 방향으로 향하여 행동하다
❹ 처음으로 시작되다
❺ 다른 것을 본받거나 따라함
❻ 어떤 단체나 기관의 일원이 되다
❼ 나이

02-16 1. **강의를 들으면서 노트 필기를 해 봅시다.**

※ 사회행동의 특징 : ❶ ____________

❷ ____________

❸ ____________

1. 사회행동에 영향을 미치는 것

1) 문화

행동 요인이 행동으로 나타날 때 ____________

2) 사회의 구조 : 계층에 따라 사회 행동이 달라진다.

3) 그 사람의 지위나 역할

❶ 가족 집단 내에서의 역할

❷ ____________ 과 ____________에 따른 역할

❸ ____________

❹ 모임이나 단체에서의 역할

❺ ____________

❻ 국민 집단 내에서의 역할

⇒ 한 사람의 사회적 행동 체계는 그 ____________나 ____________,

____________에 따라 아주 다양하다.

2. 다음 질문에 답하십시오.

1) 사회행동에 대해 강사는 기본적으로 어떻게 생각하고 있습니까? (　　)

❶ 사회 행동은 그 사람이 속한 외부적 환경의 영향을 받는다.
❷ 사회 행동은 그 사람의 심리나 성격 등 내부적 요인의 영향을 받는다.
❸ 사회 행동이 다양하게 나타나는 이유는 각 나라의 문화 차이로 볼 수 있다.
❹ 사회 행동은 직장 생활에서 나타나는 사회적 관계에 대한 행동이다.

2) 이 강의는 어떤 방법으로 설명을 하고 있습니까? (　　)

❶ 쉬운 예시를 들어 객관적으로 설명하고 있다.
❷ 대조적인 것들을 서로 비교하여 설명하고 있다.
❸ 주장을 하고 그것을 뒷받침하는 근거를 들어 설득하고 있다.
❹ 쉬운 것부터 점점 어려운 것으로 심화하여 설명하고 있다.

3) 이 강의에 의하면 '한국의 젊은 남자는 군대를 가야 한다'는 것은 무엇에 따른 역할의 예라고 볼 수 있습니까?

4) 다음 내용이 이 강의의 내용과 같으면 ○, 다르면 × 하십시오.

(1) 사회행동은 신체적인 동작도 포함한다. (　　)
(2) 행동 요인들이 행동으로 나타날 때 그 사회의 문화에 영향을 받는다. (　　)
(3) 사회학적 행동은 무의식적으로 일어난다. (　　)
(4) 한 사람의 행동체계는 한 가지로 일관된다. (　　)

생각해 봅시다

강의에서 이야기한 것 이외에 사회화와 사회행동에 무엇이 영향을 미친다고 생각합니까? 두 가지 모두 이야기해 봅시다.

03 경제와 생활

○ 경제학은 무엇을 공부하는 학문입니까?

○ 여러분의 일상생활 중 경제와 관련된 활동들을 이야기해 봅시다.

강의 듣기 1

03-01 ~ 08 [어휘]

다음 문장을 들으며 빈 칸을 채운 후 그 어휘의 뜻을 아래에서 찾아 (   ) 안에 번호를 쓰십시오.

1. 인간의 욕망은 끝이 없는데 그것을 충족시켜 줄 ________은 부족하기 때문에 경제 문제가 발생한다. (   )

2. 물보다 다이아몬드의 가격이 비싼 것은 다이아몬드의 ________때문이다. (   )

3. 생산이란 ________나 서비스를 만들어 내거나 그 가치를 증대시키는 활동을 말한다. (   )

4. 경제 성장을 중요시하는 사람이 있는가 하면 성장에 따른 이익 ________를 중요시하는 사람도 있다. (   )

5. 서울의 강남과 강북의 ________격차를 줄이기 위한 정책들이 나오고 있다. (   )

6. 최근의 웰빙 열풍으로 채식을 하는 사람이 늘어 고기 ________가 줄었다고 한다. (   )

7. 소비활동이란 누군가가 생산한 것을 일정한 돈을 ________고 사용하는 것이다. (   )

8. 가장 적은 ________으로 가장 큰 이익을 얻으려는 것이 경제의 기본 원리이다. (   )

❶ 인간의 욕망에 비하여 그것을 충족시켜 줄 수단이 질적 · 양적으로 부족한 상태
❷ 인간 생활 및 경제 생산에 이용되는 원료나 노동력, 기술 따위를 통틀어 이르는 말
❸ 물질적인 형태를 가진 상품
❹ 공평하게 나누는 것
❺ 일한 대가로 얻은 정신적, 물질적 이익
❻ 인간의 욕구를 충족시키기 위하여 돈, 물자, 시간, 노력 등을 사용하는 일
❼ 어떤 일을 하는데 사용된 돈이나 자산
❽ 돈을 내고 값을 치르다

03 경제와 생활

03-09 1. **강의를 들으면서 노트 필기를 해 봅시다.**

1. 경제 문제가 생기는 이유

인간의 ____________은 무한한데 그것을 충족시켜 줄 ____________ 은 한정되어있기 때문에

→ ____________의 원칙

2. 경제학은 어떤 학문인가?

– 주어진 자원을 ________으로 ________하고 ________하는 방법을 연구해 인간의 삶을 ________하는 학문

3. 기본적인 경제 활동

– 인간에게 필요한 재화와 서비스를 ________, ________, ________하는 인간의 모든 활동

❶ ____________

–

❷ ____________

–

❸ ____________

–

4. 경제 활동의 원칙

– 가장 적은 ________ 을 들여 가장 큰 ________를 얻으려는 원칙

2. 다음 질문에 답하십시오.

1) 다음은 강의 내용을 간단하게 요약한 것입니다. 빈 칸을 채우십시오.

모든 경제 문제는 (   ) 때문에 발생한다. 경제 활동에는 (   ), (   ), (   ) 가 있는데 이런 경제 활동에는 (   )라는 원칙이 적용된다.

2) 다음 중 강의 내용에 맞지 **않는** 것은 무엇입니까? (   )

❶ 경제학은 한정되어 있는 자원을 최대한 잘 분배하는 방법을 연구하는 학문이다.
❷ 눈으로 볼 수 없지만 어떤 것의 가치를 증가시키는 것도 생산 활동이라고 할 수 있다.
❸ 경제학에서 말하는 저축은 소득 중에서 소비하지 않고 은행에 맡겨 둔 돈을 의미한다.
❹ 최소비용 최대효과의 원칙은 생산자와 소비자 모두에게 적용되는 원칙이다.

3) 다음을 강의 내용의 순서에 맞게 번호를 쓰십시오. (❹)-(   )-(   )-(   )-(   )

❶ 자, 지금까지 경제 활동의 기본이 되는 생산, 분배, 소비에 대해 알아보았는데요, 어때요? 이 세 가지 활동들은 우리들의 일상생활 속에서 항상 일어나는 일들 아니에요?
❷ 경제학은 주어진 자원을 효율적으로 교환하고 분배하는 방법을 연구해서 인간의 삶을 풍요롭게 하는 학문이라고 정의할 수 있겠네요. 알겠습니까?
❸ 오늘은 먼저 우리의 일상생활 속에서 일어나는 가장 기본적인 경제 활동들을 좀 살펴보지요.
❹ 오늘은 첫 시간이니까 경제학이란 어떤 학문인지 잠깐 짚어보고 넘어가기로 하지요.
❺ 그런데, 이런 경제 활동들을 하는 데는 어떤 원칙이 하나 적용되는데, 그게 뭐냐 하면.. 가장 적은 비용을 들여 가장 큰 효과를 얻으려는 원칙이에요.

4) 이 강의의 흐름을 가장 잘 설명한 것은 무엇입니까? (   )

❶ 경제 문제가 발생한 예를 자세히 설명한 후 그 원인을 살펴보았다.
❷ 경제학의 기본 원리를 설명한 후 그 구체적인 예를 제시했다.
❸ 경제학이란 어떤 학문인지 설명하고 경제 활동의 예를 들었다.
❹ 경제 활동의 예를 들어 제시한 후 경제학을 정의했다.

강의 듣기 2

03-10 ~ 15 [어휘]

다음 문장을 들으며 빈 칸을 채운 후 그 어휘의 뜻을 아래에서 찾아 (   ) 안에 번호를 쓰십시오.

1. 선택을 할 때는 거기에서 얻는 ________을 생각하게 된다. (   )
2. 그 사람은 전 재산을 주식에 ________했는데 주가가 하락해 큰 손해를 입었다. (   )
3. 경기가 좋아지면서 주식으로 큰 ________을 낸 사람이 많다고 한다. (   )
4. 날씨가 더워지면서 아이스크림을 만드는 제과 회사의 ________가 많이 올랐다. (   )
5. 이번 여름에 비가 오지 않아 야채 값이 ________했다고 한다. (   )
6. 국가에서는 ________이 부족하여 중고등학교 무상 급식 안을 연기하기로 결정했다. (   )

❶ 이익을 얻기 위하여 어떤 일이나 사업에 자본이나 시간, 정성을 쏟음
❷ 편리하고 유익함
❸ 필요한 비용을 미리 계산하여 계획함, 또는 그 비용
❹ 경제활동의 대가로 얻은 이익 또는 경제적 가치
❺ 주식 시장에서 시세에 따라 결정되는 주식의 가격
❻ 물건의 값이나 주가 등이 갑자기 크게 오름

03-16 1. 강의를 들으면서 노트 필기를 해 봅시다.

1. 모든 경제 문제는 선택의 문제

- 왜 발생하는가?

  –

- 자원의 희소성의 다른 예

  ❶ 주머니 속의 만원으로 영화를 볼까? 점심을 먹을까?

  – ______________ 로서 경제 문제에 직면하는 예

  ❷ 닭 한 마리로 닭볶음을 할 것인가? 삼계탕을 할 것인가?

  – ______________ 로서 경제 문제에 직면하는 예

2. 합리적인 선택의 기준

비용과 편익을 따져 보아서 ______________ 이 큰 쪽을 선택

3. “공짜 점심은 없다”는 무슨 의미?

– ______________________________

4. 기회비용이란?

– ______________ 의 결과로 포기되는 여러 가지 대안의 가치 중에서 가장 높은 값

- 기회비용의 예

  ❶

  ❷

5. 퀴즈

–

2. 다음 질문에 답하십시오.

1) 이 강의에서 강사는 학생들에게 주요 개념들을 이해시키기 위해 어떤 방법을 많이 사용하고 있습니까? (　　)

❶ 이론에 근거하여 개념을 하나 하나 설명하고 있다.
❷ 여러 경우를 비교하며 개념을 설명하고 있다.
❸ 여러 가지 예를 통해 개념을 쉽게 설명하고 있다.
❹ 질문을 통해 개념을 설명하고 있다.

2) 이 강의 마지막 부분에 강사가 학생에게 왜 질문을 던졌다고 생각합니까?

3) 이 강의에서 말한 '공짜 점심은 없다'라는 말에 가장 적합한 예는 무엇입니까? (　　)

❶ 친구와 백화점 무료 시식 코너에서 점심을 먹었다.
❷ 친구가 이사하는 것을 도와주어서 점심을 사 주었다.
❸ 요즘 경제 사정이 안 좋아서 공짜로 먹는 회사 구내식당 문을 닫았다.
❹ 아버지가 퇴직하신 후 가족 외식이 줄었다.

4) 다음 내용이 이 강의의 내용과 같으면 ○, 다르면 × 하십시오.

(1) 자원의 희소성은 생산자의 입장에서만 큰 문제가 된다. (　)
(2) 편익이란 어떤 일을 한 후 얻는 물질적 이익을 의미한다. (　)
(3) 두 가지 중 선택을 해야 할 때는 기회비용이 적은 쪽을 택하는 것이 합리적인 선택 기준이다. (　)

생각해 봅시다

경제학에서는 선택을 해야 할 때 기회비용이 적은 쪽을 택해야 한다고 합니다. 지금 여러분이 한국 유학생활을 선택함으로써 잃는 것과 얻는 것을 아래 표에 적어보고 경제학에서 말하는 기회비용의 개념을 사용하여 잃는 것의 가치와 얻는 것의 가치를 비교하며 이야기해 봅시다.

한국 유학을 통해 얻는 것	한국 유학을 통해 잃는 것
·	·
·	·
·	·

04 영화의 이해

- 영화가 주는 가장 큰 매력은 무엇이라고 생각합니까?

- 어떤 장르의 영화를 즐겨 봅니까?

강의 듣기 1

04-01 ~ 06 **[어휘]**

다음 문장을 들으며 빈 칸을 채운 후 그 어휘의 뜻을 아래에서 찾아 (   ) 안에 번호를 쓰십시오.

1. 영화에 나오는 바다 장면은 모두 제주도에서 ________한 것이라고 한다. (   )

2. 영화의 ________ 는 SF, 코미디, 뮤지컬, 멜로, 공포 등으로 나누어질 수 있으나 실제로는 이들이 혼합되어 있는 경우가 많다. (   )

3. 인간은 본능적으로 사실을 그대로 표현하고자 하는 욕구가 있었는데 회화를 통해서 사실을 ________고 기록하려고 했다. (   )

4. ________ 는 대사를 들을 수 없기 때문에 오히려 관객의 상상력을 더 자극할 수 있다. (   )

5. 에디슨이 발명한 ________ 는 혼자 볼 수 있는 장치였는데 반해 뤼미에르 형제가 발명한 것은 여러 사람이 함께 볼 수 있었다는 차이점이 있다. (   )

6. 산업 혁명이후 싼 가격으로 더 많은 사람들이 상품을 이용할 수 있게 된 것과 같이 영화를 통해 예술의 ________가 본격적으로 이루어졌다. (   )

❶ 사람, 사물, 풍경 등을 사진이나 영화로 찍는 것
❷ 여러 사람에게 널리 퍼져서 친숙하게 됨
❸ 있는 그대로 다시 나타내다
❹ 문학, 음악, 영화 등의 예술을 형태에 따라 분류한 것
❺ 소리가 없이 영상만으로 된 영화
❻ 필름에 촬영된 상을 렌즈를 이용하여 스크린에 확대하여 비추는 기계

04 영화의 이해

04-07 1. 강의를 들으면서 노트 필기를 해 봅시다.

1. 영화의 탄생

• __________을 __________ 하려는 본능의 반영

예 스페인 알타미라 동굴의 ________________

____

____

┌ 영화 탄생의 배경이 됨

→ ________________이 부족함.

2. 최초의 영화

• 1895년 12월 28일 ________________가 파리 그랑 카페에서 처음으로 영화 ___________________________ 을 상영

→ 움직임을 __________대로 보여 주었다는 데에 상당한 의미가 있음.

• 1889년 에디슨이 영사기 발명 (키네토스코프)

:

• 1895년 뤼메에르 형제의 영사기 (시네마토그래프)

:

3. 영화 탄생의 의미

→ 예술의 ________________가 본격적으로 이루어짐.

• ________________ : 기계가 상품을 만들게 되면서 가격이 싸져서 많은 사람이 상품을 사용할 수 있게 됨.

• ________________ : 예술을 대중들이 싼 값으로 즐길 수 있게 됨.

2. 다음 질문에 답하십시오.

1) 다음은 강의 내용을 간단하게 요약한 것입니다. 빈 칸을 채우십시오.

인류는 본능적으로 ( )을 재현하려는 욕구를 가지고 있었다. ( )나 ( )도 그 욕구를 반영한 것이었으나 ( )이 부족했다. 영화의 탄생은 바로 이런 한계를 넘어 ( )을 표현하고자 하는 욕구를 반영한 것이라고 할 수 있다.

2) 다음 중 강의 내용에 맞지 **않는** 것은 무엇입니까? ( )

❶ 영화의 발명은 사실을 재현하려는 인간의 본능에서 시작되었다고 할 수 있다.
❷ 뤼미에르가 발명한 영사기는 에디슨이 발명한 영사기보다 극장 상영의 의미가 있었다고 볼 수 있다.
❸ 최초의 영화 '열차의 도착'을 상영할 때 기차 소리에 깜짝 놀라 사람들이 도망가는 소동이 있었다.
❹ 회화가 부르주아적인 예술이었다면 영화는 대중의 예술이라고 할 수 있다.

3) 한 학기 동안 진행될 이 강의의 흐름을 순서대로 쓰십시오.

(❶)-( )-( )-( )-( )

❶ 영화의 탄생과 초기 영화의 특징	❷ 장르별 특징
❸ 영화 촬영 기법 및 편집	❹ 각 나라별 영화의 발달사

4) 다음을 강의 내용의 순서에 맞게 번호를 쓰십시오.

(❸)-( )-( )-( )-( )-( )

❶ 그런데 그 영화가 주는 재미라는 게 어쩌면 인류가 시작한 이래로 가지고 있던, 사실을 표현하고 싶어 하는 본능과도 관계가 있을 거라는 생각을 하게 돼요.
❷ 그 후에도 회화를 통해 사실을 재현하고 기록하려고 했지요. 왜 옛날 귀족들이 자신의 얼굴을 그리게 한다든지 역사적인 사건을 그림으로 남겨 놓는다든지 했잖아요?
❸ 보니까 수강을 신청한 학생이 많은 것 같은데, 어…다들 영화에 일단 관심이 있어서 오신 거죠?
❹ 사진도 평면적이다 보니 또 뭔가 움직임을 그대로 표현하고자 하는 욕구가 생긴 거지요. 이게 바로 영화가 탄생한 배경이 되는 거예요.
❺ 산업 혁명 이후 기계가 상품을 만들게 되면서 그 가격이 싸지고 많은 사람들이 그 상품을 사용할 수 있게 된 것과 마찬가지로 영화의 탄생으로 이제는 예술을 대중들이 싼 값으로 즐길 수 있게 된 거예요.
❻ 이런 영화의 탄생은 어떤 의미가 있냐면 말이죠, 예술의 대중화가 본격적으로 이루어졌다는 거예요.

04 영화의 이해

강의 듣기 2

04-08 ~ 14 [어휘]

다음 문장을 들으며 빈 칸을 채운 후 그 어휘의 뜻을 아래에서 찾아 (　　) 안에 번호를 쓰십시오.

1. 초기의 영화는 대부분 ________를 고정시켜 놓고 카메라로 그냥 찍었다. (　　)
2. 최초의 영화는 사실을 그대로 기록했는데 오늘날의 다큐멘터리나 기록 영화가 이런 ________의 영향을 받았다고 볼 수 있다. (　　)
3. 멜리에스는 특수 효과를 이용해 동화나 꿈같은 ________인 영화를 만들어 냈다. (　　)
4. 그 영화는 한 과학자가 로켓을 ________해서 만들고 탐험가가 그것을 타고 공중으로 발사되는 내용이다. (　　)
5. 3D 영화는 입체적인 ________으로 관객들이 영화의 주인공과 함께 화면 속에 있는 착각을 일으키게 한다. (　　)
6. ________ 기술의 발달로 영화에 긴장감이 더해지면서 훨씬 재미있게 되었다. (　　)
7. 최초로 158분이나 되는 긴 ________를 찍은 사람은 미국의 그리피스 감독이다. (　　)

❶ 화면에 비추어진 모습
❷ 다루는 대상과 범위가 커서 상영시간이 긴 영화
❸ 사진을 찍는 대상이 되는 물체
❹ 기술과 방법
❺ 비현실적이거나 가능성이 없어 마치 꿈과 같다
❻ 영화 필름을 자르거나 붙여서 하나의 작품으로 완성하는 일
❼ 연구하여 새로운 것을 생각해 냄

04-15 1. 강의를 들으면서 노트 필기를 해 봅시다.

1. 뤼미에르 형제
- 영화 제목 : ______
- 내용 : ______
- 영화란 ______ 라고 생각함
  → 후에 ______ 의 모태가 됨 (오늘날의 다큐멘터리 영화, 기록 영화)

2. 조르주 멜리에스
- 원래 직업이 ______ 였고 ______ 을 최초로 만듦
- 영화를 ______ 중심으로 만듦
  – 영화가 '꿈의 예술'이 되게 함
  – 기발한 아이디어와 상상력 + 특수 효과
- 1902년 작품 : ______
  – ______ 를 동원해서 만든 최초의 영화
- 영화는 꿈을 그리는 것이라고 생각함
  → ______ 주의
  ※ ______ 의 ______ 주의 / ______ 의 ______ 주의 — 오늘날까지 영화를 만드는 큰 두 방향 제시
  ※ 초기 영화의 한계점
  ______

3. 에드윈 포터
- 1903년 12분짜리 영화 ______ 를 만듦
  – 지금의 영화와 가장 비슷한 형태로 만든 상업 영화
  – ______ 을 처음으로 사용
    ㄴ 필름을 자르고 붙이는 기술
  영화에 ______ 을 주어 훨씬 재미있어짐

4. 그리피스
- ______ 을 활용해서 158분짜리 최초의 ______ 를 만듦
- 1914년 작품 : ______
  ㄴ 영화의 교과서 같은 작품

2. 다음 질문에 답하십시오.

1) 영화의 제목과 각 영화의 특징을 맞게 연결해 보십시오.

㉠ 달세계 여행 •	• ❶ 최초의 영화이며 다큐멘터리 영화나 기록 영화의 모태가 되었다.
㉡ 열차의 도착 •	• ❷ 기발한 아이디어와 상상력으로 영화가 꿈의 예술이라는 것을 보여 주었다.
㉢ 국가의 탄생 •	• ❸ 처음으로 편집 기술을 사용하여 영화에 긴장감을 더하게 만들었다.
㉣ 대열차 강도 •	• ❹ 최초의 장편 영화로 영화를 공부하는 학생의 교과서와 같은 영화이다.

2) 다음 내용이 이 강의의 내용과 같으면 ○, 다르면 × 하십시오.

❶ 사실주의와 표현주의 영화 기법은 지금까지도 영화를 만드는 데 영향을 주고 있다. ( )

❷ 멜리에스의 영화에서는 스토리가 중요한 역할을 한다. ( )

❸ 뤼미에르 형제가 만든 영화는 영화가 우리의 상상력을 표현하는 것임을 잘 보여준 최초의 영화이다. ( )

3) 이 강사는 어떤 방법으로 수업을 진행하고 있습니까? ( )

❶ 영화사의 흐름을 4명의 감독의 일생과 성격을 분석하며 설명하고 있다.

❷ 영화가 어떻게 변화되어 왔는지 주요 감독들의 작품을 통해 설명하고 있다.

❸ 최초의 영화부터 지금의 영화까지를 시대별로 설명하고 있다.

❹ 초기 영화들 중 대표적인 영화 4편의 줄거리를 소개하며 설명하고 있다.

4) 이 강사는 강의에서 4편의 영화를 소개했습니다. 왜 이 4편의 영화를 선택했다고 생각합니까?

생각해 봅시다

알고 있는 영화 중 사실주의 영화와 표현주의 영화의 예를 들어 이야기해 봅시다.

05 르네상스의 재발견

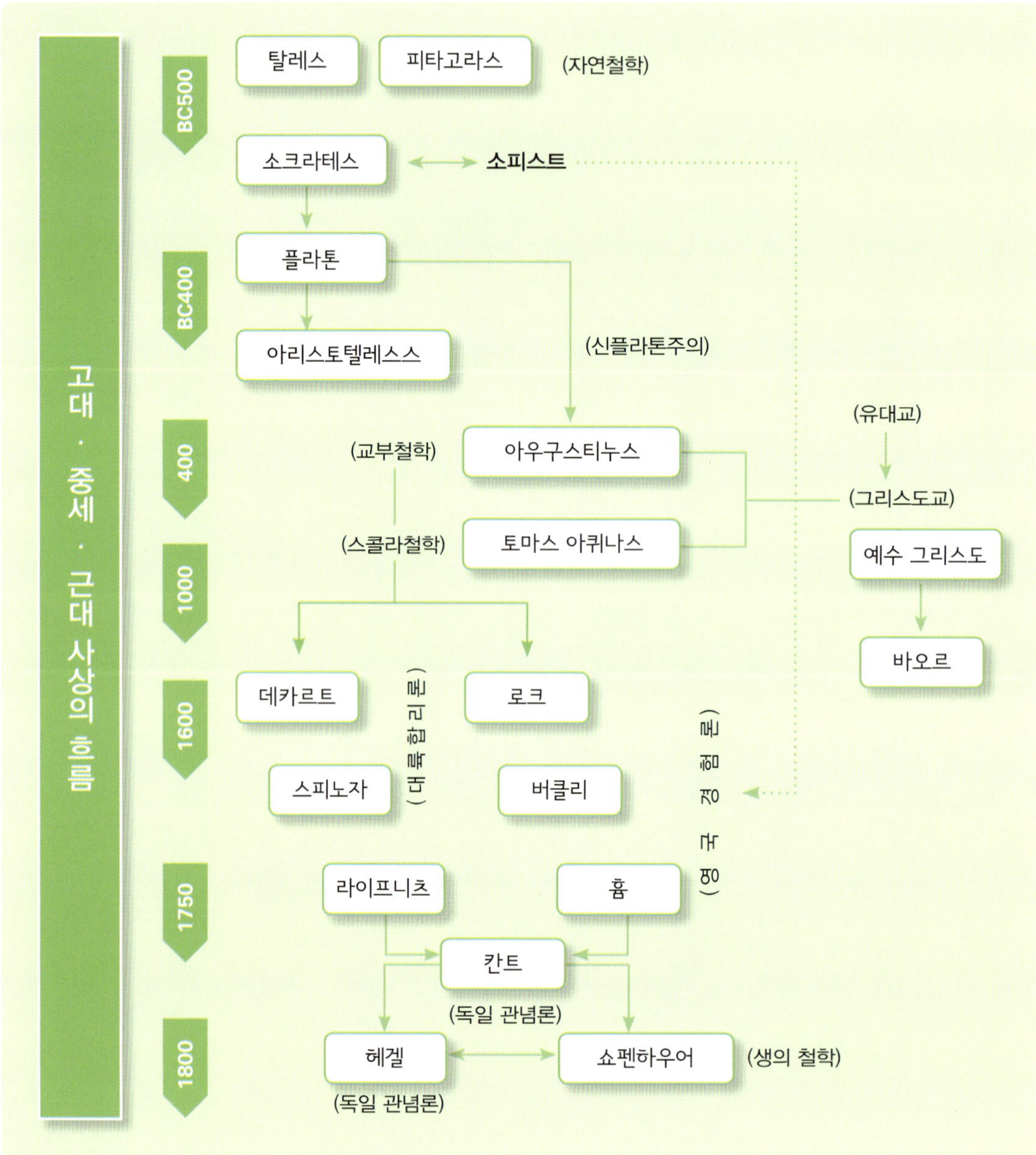

- 역사에서 시대를 어떻게 구분합니까?

- 르네상스 시대에 대해 아는 것을 서로 이야기해 봅시다

강의 듣기 1

05-01 ~ 07 **[어휘]**

다음 문장을 들으며 빈 칸을 채운 후 그 어휘의 뜻을 아래에서 찾아 (   ) 안에 번호를 쓰십시오.

1. 자기들이 자의적으로 설정해 놓은 중세라는 시대를 ________ 즉, 무시하였다. (   )

2. 최근 패션 경향은 1950년대의 히피 스타일을 되살린 자유분방한 ________이다. (   )

3. 르네상스인은 중세인과의 차별성을 강조하기 위해서 고대인과 자신을 ________했으며 그래서 임의적으로 역사를 고대, 중세, 현대로 삼분하고 고대를 동경하였다. (   )

4. 중세 때는 하느님이 창조한 시점부터 종말까지 단일한 역사가 이어진다고 보는 ________ 세계관을 가지고 있었다. (   )

5. 이탈리아 등 유럽 각국은 모두 자기 나라에서 르네상스가 시작됐다고 주장하면서 강한 ________적 풍조를 보였다. (   )

6. 당시 굉장히 찬란했다고 알려진 고대 그리스 로마 시대를 자기들의 ________으로 삼는 등 고대를 동경하였다. (   )

7. 그리스 시대의 민주주의는 적게는 서너 명, 많게는 수천 명의 노예가 한 사람의 시민을 위해 집 안팎에서 일을 하는 ________제도를 기반으로 하고 있었다. (   )

❶ 같다고 봄
❷ 꿈과 같이 완전한 사회, 유토피아
❸ 한 길 위에서 한 방향으로만 진행할 수 있는
❹ 과거의 모습으로 되돌아간 제도나 풍속, 유행
❺ 잘못을 지적하고 책임을 물어 지위를 깎아 내림
❻ 권리나 자유가 없이 남의 지배 밑에서 일하면서 매매나 양도의 대상이 되었던 사람
❼ 자기가 속한 겨레의 독립과 발전 등을 최고의 이념적 가치로 여기는 주장이나 이론

05 르네상스의 재발견

05-08 1. 강의를 들으면서 노트 필기를 해 봅시다.

제1장 중세와 르네상스의 시대 구분

1. 중세와의 차별성

중세(Medieval Age)란 용어는 1469년 바티칸 교황청 도서관 사서가 최초로 사용하였다. 그러나 중세 때는 학문을 하면서 자신의 이름을 밝히는 관례가 드물었으므로 현재 이 사서의 이름은 남아 있지 않다. 이 시기 르네상스의 인본주의 문화가 확산되면서 중세를 부정적으로 바라보는 시각이 널리 확산되었다.

바사리(Giorgio Vassari, 1511~1574)가 『예술가열전』(1550)에서 레나시타(renascita)라는 용어를 사용하였고

-56-

이것이 르네상스의 어원이다. 바사리는 지오토(Giotto, 1266~1336)를 참다운 회화를 소생시킨 작가로 지목하였다. 지오토는 성 프란체스코 대성당(1253년 완공) 2층 벽면에 28장의 성인의 생애를 그려 장식했다. 이 프레스코화를 르네상스의 시작이라 부른다.

1) 고대 세계의 동경

-57-

※ 르네상스의 기원

1. 르네상스인의 특징

1) 중세와의 차별성 강조, 시대에 대한 삼분법 도입

↓

의미 : ______________________________.

cf) 중세의 세계관 : ______________________________

※ 르네상스라는 말의 어원

↓

레나시타 (________, ________ 의 뜻) from 『예술가열전』 (조르지오 바사리)

2) 고대 세계의 동경 ← **중요함**

↓

어디? ________, ________ ↗ 한계

ㄴ ________ : 시민 정치, ________를 기반

3) 민족주의적 풍조

________, ________, ________등 유럽 각국이 르네상스에 대한 소유권을 주장.

2. 다음 질문에 답하십시오.

1) 오늘 강의는 10주차 강의입니다. 강사는 8주차에 어떤 과제를 냈습니까?

주차	수업 내용	과제
8주	중세에 발달한 기독교 문화	
9주	중간시험 기간	×
10주	르네상스의 본질	×

2) 강의 내용의 순서에 맞게 번호를 쓰십시오. (❷)-( )-( )-( )-( )

❶ 책을 미리 읽어 왔으면 알겠지만, 르네상스 시대를 살고 있던 사람들은 자기들이 굉장히 다른 시대에 살고 있다고 믿고 싶어했고 그래서 차별성을 강조했어요.

❷ 자, 그럼 오늘은 르네상스를 알아보는 그 첫 시간이니까 르네상스라는 말이 왜 나오게 되었는가, 즉 르네상스의 기원부터 설명을 해야겠죠?

❸ 이렇게 르네상스를 역사상에 반드시 있었던 것처럼 얘기하는 바람에 르네상스라는 시기가 유럽의 역사에 실재했고, 한국사에서는 그 르네상스에 해당하는 시기가 언제인지를 연구하는 분위기가 생기고 그러는 거죠.

❹ 자, 그럼 보겠습니다. 르네상스. 자 르네상스라는 말을 그러면 도대체 누가 만들었느냐. 조르지오 바사리라는 사람이 처음 썼어요.

❺ 지금부터 15분 간 휴식 시간을 갖기로 하겠습니다. 돌아오시면 여러분이 조별로 준비한 내용을 같이 보면서 중세 문화에 대해 복습하는 시간을 갖기로 합시다.

3) 이 강사가 르네상스라는 역사적 시기에 대해 알려주려고 하는 것은 무엇입니까? ( )

❶ 중세 이후 서양 역사에 일반적으로 존재했던 시기이다.

❷ 어떤 시기의 특성을 별명으로 불렀던 게 일반화된 것이다.

❸ 이탈리아에서 처음 시작하여 프랑스, 독일에서 꽃을 피웠다.

❹ 중세를 극복하고자 노력한 예술가들의 자율적 문화 운동이다.

4) 다음 내용이 이 강의의 내용과 같으면 ○, 다르면 × 하십시오.

(1) 시대에 대한 삼분법은 기독교적 세계관으로부터 비롯되었다. ( )

(2) 르네상스인이 가진 가장 큰 특징은 고대 세계를 동경했다는 점이다. ( )

(3) 현대의 민주주의 제도는 고대 그리스의 민주주의 제도와 아주 유사하다. ( )

05 르네상스의 재발견

강의 듣기 2

05-09 ~ 15 [어휘]

다음 문장을 들으며 빈 칸을 채운 후 그 어휘의 뜻을 아래에서 찾아 (   ) 안에 번호를 쓰십시오.

1. 물건을 사고파는 사람들이 모여 시장을 만들었고 이 시장을 중심으로 도시가 ________되기 시작하였다. (   )

2. 자신의 경작지에서 수확한 것만 먹고 살았던 ________하는 농경 생활이 중세 때까지 계속되었다. (   )

3. 1000여 년간 지속되어 오던 중세가 ________되면서 도심지에서는 농업보다 상업의 비중이 더 커졌다. (   )

4. 중세의 사회 제도는 장자가 전 재산을 ________받는 제도여서 둘째나 셋째로 태어난 아들은 넓은 영토를 차지하기가 어려웠다. (   )

5. 품목에 관계없이 손쉽게 물건을 사고팔기 위해, 즉 원활한 ________를 하기 위해 화폐를 사용하게 되었다. (   )

6. 자신이 개발한 기술에 대한 권리, 즉 ________을 보호하기 위해 길드의 상공인들은 자치 규약을 만들었다. (   )

7. 르네상스 시대에 사업으로 성공한 일부 가문은 영주로부터 도시의 ________을 사서 시장을 열고 도시를 관리하는 등의 권리를 넘겨받기도 했다. (   )

❶ 모양을 갖춰 만들어 짐
❷ 상품을 사고팔아 이익을 얻는 과정
❸ 자기에게 필요한 것이 있으면 스스로 만들어내어 씀
❹ 지적 사고 과정을 거쳐 만들어진 결과물에 대한 저작자의 소유권
❺ 자식들에게 아버지의 재산과 명예 등을 모두 넘겨주는 사회적 관습
❻ 시민 민주주의 사회에서 시민들 스스로가 자기 지방의 여러 문제를 처리할 수 있는 행정적 권리
❼ 여러 부분을 모아 모양을 갖춘 것을 다시 작은 부분으로 나누어 원래의 모양을 알아볼 수 없게 만듦

05-16 1. **강의를 들으면서 노트 필기를 해 봅시다.**

2. 중세의 해체 원인

1) 농업 경제의 위기 ← 가장 근본적인 이유

__________증가, __________부족, 더 개간할 땅도 발달된 농기구도 없었음

2) 시장과 도시의 형성

- 농업 혁명 : 재배 환경에 맞는 농작물을 __________해서 __________에 판매
- 원활한 상거래를 위해 __________가 필요해짐
- __________의 탄생

  ↳ 도시의 지배층으로 성장 ex) __________가문

  피렌체의 유명한 약재상 ↵

3) 십자군 전쟁

❶ 유럽인의 시야 확장

❷ __________계급의 몰락 가속화 : 전사, 귀향 후 사회 부적응

장자상속제

장남 • • 기사

차남 • • 영주

삼남 • • 성직자

(장남 — 영주)

4) 흑사병의 유행

↓

유럽 인구 ⅓ 손실

2. 다음 질문에 답하십시오.

1) 다음 역사적 사건을 순서대로 나열하고 중세의 해체 원인들 간 영향 관계를 간단하게 설명하십시오.

길드의 탄생	농업 경제의 위기	상업 경제의 발전

❶ ____________ ⇨ ❷ ____________ ⇨ ❸ ____________

____

____

____

2) 다음 내용이 이 강의의 내용과 같으면 ○, 다르면 × 하십시오.

(1) 메디치 가문은 약재상으로 외길을 걸어 성공한 집안이다. ( )
(2) 중세 말기에 유행한 흑사병으로 유럽 인구가 반 이상이 줄었다. ( )
(3) 화폐는 중세 초기부터 시장을 중심으로 사용되기 시작하였다. ( )
(4) 아랍 문화권에는 유럽보다 많은 고대 그리스 로마의 문헌이 있었다. ( )
(5) 타인의 기술을 복제해 사용한 사람은 길드의 규약에 의해 처벌을 받았다. ( )

3) 강사는 무엇을 설명하기 위해 중세의 장자상속제도를 소개했습니까? ( )

❶ 장자상속제도의 불합리성
❷ 중세 수도원의 입회 조건
❸ 십자군 전쟁의 발발 원인
❹ 방랑 기사가 생기게 된 이유

4) 강사는 어떤 방법으로 중세의 해체 과정을 설명하고 있습니까? ( )

❶ 교양 강의를 듣는 학생 수준에 맞게 쉬운 예를 들어가면서
❷ 최근에 일어난 역사적 사건으로부터 과거로 거슬러 올라가면서
❸ 역사적 지식을 전달하기 위해 관련 그림과 문헌을 인용해가면서
❹ 중세인의 문제점과 르네상스인의 해결 방법을 대조하는 방식으로

생각해 봅시다

유럽의 역사가 중세에서 르네상스로 넘어가던 15세기를 전후해서 여러분의 나라에서는 어떤 사건이나 변화가 있었습니까? 그런 일이 일어난 원인에 대해 설명해 봅시다.

06 법과 사회

법과 관습, 도덕의 관계

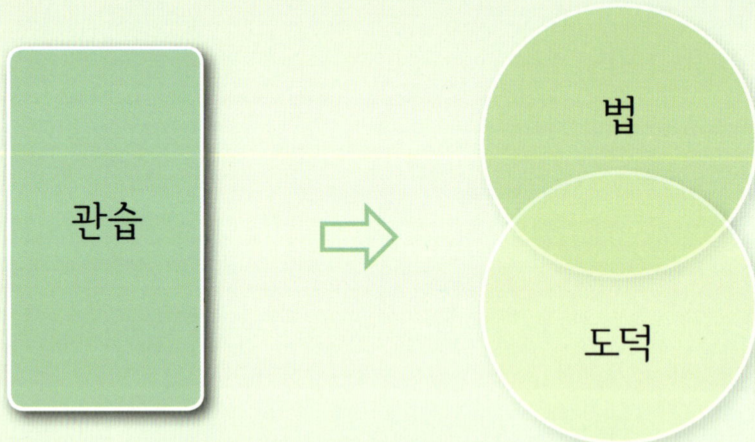

- 우리 사회에 있는 관습의 예를 말해 봅시다.

- 법과 도덕은 어떤 차이가 있을까요?

강의 듣기 1

06-01 ~ 08 [어휘]

다음 문장을 들으며 빈 칸을 채운 후 그 어휘의 뜻을 아래에서 찾아 (　　) 안에 번호를 쓰십시오.

1. 사람들이 오랫동안 지켜온 ________은 법이 없었을 때 법의 기능을 담당하였다. (　　)

2. 사회 ________으로서 법과 관습은 개념적으로 또 체계적으로 분명히 구분되지는 않는다. (　　)

3. 실제로 법이 어떻게 적용되는지 각 ________를 통해 살펴 볼 수 있다. (　　)

4. 관습을 무시한 법은 실효성을 거두지 못하고 결국 ________ 경우가 있다. (　　)

5. 교통의 원활한 흐름을 위해 속도를 지키지 않았다면 그것이 ________의 사유가 될 수 있다. (　　)

6. 사실혼은 혼인에 ________ 일종의 특별한 관계로 본다. (　　)

7. 사실혼을 ________ 사람에게 법적 책임을 물을 수 있다. (　　)

8. 그 사람이 잘못했으니까 손해배상을 ________ 수 있다. (　　)

❶ 어떤 사회에서 오랫동안 지켜 내려와 그 사회 사람들이 모두 인정하는 질서나 풍습
❷ 실시하여 오던 제도나 법, 일 등을 그만두거나 없애다
❸ 인간이 행동하거나 판단할 때에 마땅히 따르고 지켜야 할 가치 판단의 기준
❹ 어떤 범죄에서 그 책임의 무거움과 가벼움을 따지는 데에 영향을 주는 사정을 알맞게 고려함
❺ 일정한 기준 가까이에 이르다
❻ 어떤 일이 전에 실제로 일어난 예
❼ 남에게 돈이나 물건 등을 달라고 요구하다
❽ 계약이나 약속 등을 깨뜨려 버리다

06 법과 사회

06-09 1. 강의를 들으면서 노트 필기를 해 봅시다.

1. 법규범과 관습규범의 관계

❶ 법은 ____________에서 발달해 왔다.

※ 독일 법학자 짐멜 – 관습이란 것은 법과 도덕의 형태를 각각 다른 방향으로 출발시키는 미분화 상태다.

❷ 법이 없었을 때 : ____________이 ____________의 기능을 담당

❸ 법을 만들 때도 관습이 영향을 준다.

→ 관습을 무시하고 법을 만들어서 실패한 예 ____________________

❹ 관습은 법에 ______________________________

→ 관습법은 성문법을 보충해 줌.

2. 관습과 법의 관계에서 본 실제 법 사례

- 도로교통법에 지시된 제한속도를 지킬 것인가, 교통의 흐름을 따를 것인가.

- ________________ 에 대한 문제 : 법적인 보호를 받을 수 있나.

2. 다음 질문에 답하십시오.

1) 이 강의의 요지는 무엇입니까?

관습은 ( )이나 ( )을 준비하고 그것을 가능하게 한 다음에 법과 도덕에 ( )는 것이다. 또한 관습은 일정 부분 ( )의 기능을 담당하기도 하고 ( ) 제정에 영향을 주기도 한다.

2) 다음 중 이 강의에서 말한 법과 관습의 관계가 **아닌** 것을 고르십시오. ( )

❶ 법은 관습에 영향을 주기도 한다.
❷ 관습법은 성문법을 보충해 준다.
❸ 법과 관습이 함께 작용하는 경우가 많다.
❹ 법 이전에 관습이 존재했다고 볼 수 있다.

3) 지난 시간 강의와 앞으로 이어질 강의 내용을 정리해 보십시오.

- 지난 시간 강의 내용 :
- 앞으로 이어질 강의 내용 :

4) 다음을 들은 내용의 순서에 맞게 정리하십시오. (❹)-( )-( )-( )

❶ 다시 말하면 관습은 법이라는 것, 도덕이라는 것을 먼저 준비하고 그 다음에 제대로 법이나 도덕을 만들어 놓고는 거기에 흡수되어 버리는 거란 거죠.

❷ 자 그럼 이제부터 제가 종이를 나눠줄 거예요. 거기에 쓰여 있는 사례들을 가지고 그룹별로 모여서 법적으로 어떻게 될까? 한번 토론해 보세요.

❸ 이렇게 관습과 법의 관계를 좀 이야기해 봤는데 그럼 한번 법과 관습의 사이에서 여러분이 어떤 선택을 하는지 보도록 할까요?

❹ 그럼 먼저 법규범과 관습규범에 대해 이야기해 봅시다. 역사적으로 볼 때 법은 어때요? 관습에서 발달해 왔다고 볼 수 있겠지요?

06 법과 사회

강의 듣기 2

06-10~16 [어휘]

다음 문장을 들으며 빈 칸을 채운 후 그 어휘의 뜻을 아래에서 찾아 (   ) 안에 번호를 쓰십시오.

1. 법과 도덕은 ________ 면에서 상호 보완 관계이다. (   )
2. 법은 도덕과 ________야만 법으로서 효력을 갖는다는 것이 자연법적 관점이다. (   )
3. 아무리 ________ 법이라도 적법한 절차로 제정되었다면 법으로서 효력을 갖는다는 것이 법실증주의적 관점이다. (   )
4. 도덕은 ________을 쌓는 것이다. (   )
5. 도덕적으로는 마음속으로 ________을 저지르는 것도 부정이라고 할 수 있다. (   )
6. 법에는 객관적으로 정해져 있는 ________의 강제성이 있다. (   )
7. 내 행동 때문에 정신적인 충격을 받고 그 사람이 죽었을 때, 경우에 따라 살인죄가 ________ 수 있다. (   )

❶ 일이나 관계 등이 이루어지다
❷ 어질고 너그러운 행동과 태도
❸ 올바르지 않거나 옳지 못함
❹ 의견이나 주장 등이 일치되다
❺ 간사하고 악하다
❻ 법률이나 규칙의 작용
❼ 법이나 규정을 어겼을 때 국가가 처벌이나 금지 등을 행함. 또는 그런 일

06-17 1. 강의를 들으면서 노트 필기를 해 봅시다.

1. 법규범과 도덕규범의 공통점

______

2. 법과 도덕에 대한 두 가지 관점

❶ 자연법론의 관점

: 법은 도덕과 합치되어야만 법으로서 효력을 갖는다. → 법과 도덕을 일원적으로 봄.

❷ 법 실증주의적 관점

______

3. 법과 도덕의 차이

❶ 기능 / 영역에서의 차이

– 도덕 : ______ 법 : 물질적 인 것, 명예, 부담을 똑같이 분배하는 것

❷ 관심방향에서의 차이

– 법 : ______ 도덕 : ______

❸ 목적 주체, 누구를 향한 규범인가

– 법 : ______ 도덕 : 자기 자신을 향한 규범

❹ 제재의 강제성의 차이

– 도덕 : ______ 법 : 손해배상, 감옥에 감

4. 법과 도덕에 관한 문제

❶ 다른 사람이 죽기를 바라서 주문을 외우거나 기도를 한 경우

: ______

그러나 주문외운 후 그 사람이 정신적인 충격으로 죽음 → ______

❷ ______ : 다른 사람을 살해한 경우보다 더 큰 벌을 받을까? 아닐까?

2. 다음 질문에 답하십시오.

1) 법과 도덕에 대한 강사의 태도는 어떻습니까? (　　)

❶ 법과 도덕은 여러 면에서 분명한 차이가 있고 완전히 구별된다.
❷ 법과 도덕은 여러 면에서 거의 구별하기 어려울 정도로 유사하다.
❸ 법과 도덕은 여러 면에서 차이가 있지만 엄밀히 구별하기는 어렵다.
❹ 법과 도덕은 여러 면에서 비슷하기 때문에 차이점을 말한다는 것은 문제가 있다.

2) 강사가 강의 마지막에 학생들에게 문제를 낸 의도는 무엇입니까?

3) 외부로 나타난 행동을 보느냐 아니면 사람의 내면을 보느냐 하는 것은 법과 도덕의 어떤 면에서의 차이를 말합니까?

4) 다음 내용이 이 강의의 내용과 같으면 ○, 다르면 × 하십시오.

(1) 법과 도덕의 관계를 보는 데에는 두 가지 관점이 있다. (　　)
(2) 도덕의 기능은 덕행을 쌓는 것이다. (　　)
(3) 사람이 죽으라고 주문을 외우는 것만으로 살인죄가 될 수 있다. (　　)
(4) 법은 타인을 향한 규범이다. (　　)

생각해 봅시다

두 번째 강의에서 마지막에 강사가 던진 문제를 생각해 봅시다. 여러분은 아들이나 며느리가 부모를 살해했다면 다른 사람을 살해한 것보다 무거운 처벌을 받을 거라고 생각합니까? 아니면 같은 처벌을 받을 거라고 생각합니까? 그리고 왜 그렇다고 생각합니까?

07 시장과 경제

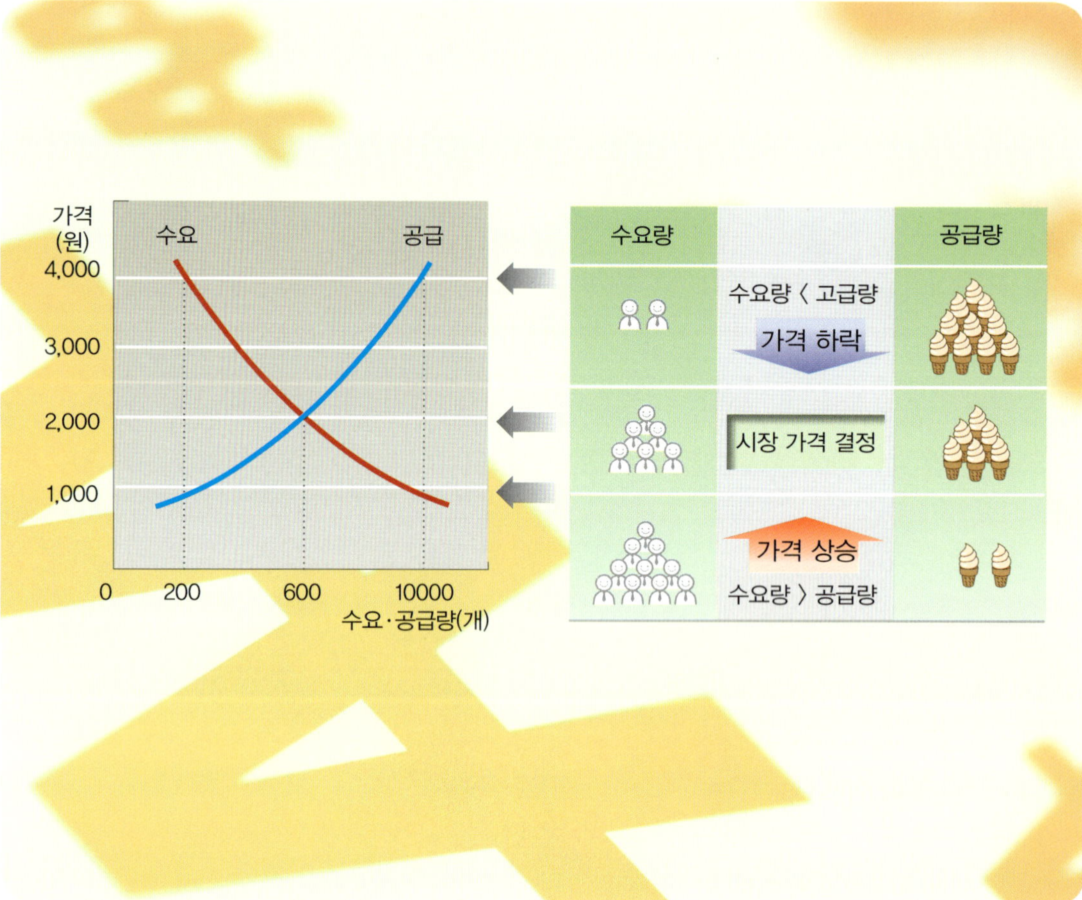

- 시장의 종류를 말해 봅시다.

- 시장은 경제생활에서 어떤 역할을 합니까?

강의 듣기 1

07-01 ~ 06 **[어휘]**

다음 문장을 들으며 빈 칸을 채운 후 그 어휘의 뜻을 아래에서 찾아 ( ) 안에 번호를 쓰십시오.

1. 생산 수단을 개인이 ________할 수 있으면 자본주의 경제 체제라고 부르고 국가나 공공단체가 가지고 있으면 사회주의 체제라고 한다. ( )

2. 시장이란 소비자와 ________를 연결해서 재화나 서비스를 사고 팔 수 있게 해 주는 곳이다. ( )

3. 소비자는 가격이 쌀수록 많이 사려고 하겠지만 상품을 ________하는 사람의 입장에서는 가격이 비쌀수록 많이 팔고 싶을 것이다. ( )

4. 노동이나 자본 같이 생산에 투입되는 요소가 ________되는 시장을 생산 요소 시장이라고 한다. ( )

5. 마이크로소프트사에서 만드는 소프트웨어는 전 세계에서 쓰이고 있지만 그것을 판매할 권리는 마이크로소프트사가 ________하고 있다. ( )

6. 이동 통신업의 경우 SK 텔레콤, KT, LG 텔레콤 세 업체만 경쟁하면서 가격을 조정하는, ________ 시장의 예를 보여 주고 있다. ( )

❶ 물건을 파는 사람
❷ 교환하거나 판매하기 위하여 시장에 재화나 서비스를 제공하는 일
❸ 상품을 팔고 사거나 돈을 꾸어 주고 받고 하는 것
❹ 개인이나 하나의 단체가 다른 경쟁자 없이 시장을 지배하여 이익을 독차지하는 상태
❺ 몇몇 기업들이 시장을 지배하여 생산량이나 가격을 마음대로 결정하는 상태
❻ 가지고 있음

07 시장과 경제

07-07 1. 강의를 들으면서 노트 필기를 해 봅시다.

1. 시장의 정의

– 재화나 서비스 등을 ________ 연결하여 ________가 이루어지도록 하는 곳

2. 시장의 종류

❶ 상품에 따라

• ________

– 노동이나 자본같이 생산에 투입되는 요소가 거래되는 시장

예

• ________

– 최종적으로 만들어진 생산물이 거래되는 시장

예

❷ 경쟁 형태에 따라

• ________

– 파는 사람, 사는 사람 모두 많음 / 같은 질의 물건을 같은 가격에 판매

• ________

– 파는 사람, 사는 사람이 많아 경쟁이 있음 / 상품의 차별성

• ________

– 공급자가 하나밖에 없음 예

• ________

– ________와 ________의 중간

– 소수끼리 가격을 조정하며 경쟁 예

3. 시장의 원리

________을 통해서 서로 이익을 얻고 ________을 감소시키는 것

2. 다음 질문에 답하십시오.

1) 이 강의의 요지는 무엇입니까?

2) 다음 중 강의 내용에 맞지 **않는** 것은 무엇입니까? (　　)

❶ 과점 시장은 경쟁하는 몇몇의 기업끼리 시장 가격을 조정한다

❷ 완전 경쟁 시장은 소비자나 생산자가 모두 꿈꾸는 이상적인 시장이다.

❸ 독점 시장의 경우 소비자는 가격 결정에 전혀 영향을 미칠 수 없다.

❹ 더 좋은 서비스로 손님을 끌기 위해 노력하는 것은 독점적 경쟁 시장에서 흔히 볼 수 있다.

3) 지난 시간의 강의 내용과 앞으로 이어질 강의 내용을 간단히 써 보십시오.

- 지난 시간 강의 내용 :
- 앞으로 이어질 강의 내용 :

4) 다음을 강의 내용의 순서에 맞게 번호를 쓰십시오.

(❸)-(　　)-(　　)-(　　)-(　　)-(　　)

❶ 자, 그럼 오늘은 자본주의 체제를 가지고 있는 대부분의 나라들이 채택하고 있는 시장경제의 원리에 대해서 알아보도록 하지요.

❷ 그럼 본격적으로 경제학에서 다루는 시장의 종류를 좀 알아봅시다. 먼저 시장은 거래되는 상품이 뭐냐에 따라 생산 요소 시장과 생산물 시장으로 나눌 수 있어요.

❸ 지난 시간에 배운 것을 잠깐 정리해 보면요, 우리가 경제 체제를 크게 두 가지 기준을 가지고 분류했었죠?

❹ 이런 분류 말고 또 다른 방법으로도 시장의 종류를 나눌 수 있는데 그게 바로 경쟁 형태에 따라 나누는 거예요.

❺ 그러면 다음은 시장에서 가격이 어떻게 결정되는지 알아보기로 하죠.

❻ 지금까지 시장의 형태와 각각의 특징을 알아 봤는데 그렇다면 이런 모든 시장 경제를 움직이는 시장의 원리가 뭘까요?

07 시장과 경제

강의 듣기 2

07-08 ~ 13 [어휘]

다음 문장을 들으며 빈 칸을 채운 후 그 어휘의 뜻을 아래에서 찾아 (　　) 안에 번호를 쓰십시오.

1. 이번 특별 행사 기간 동안 샴푸 한 개를 ________하면 하나를 더 준다고 한다. (　　)

2. 진정한 의미의 ________라는 것은 어떤 상품을 사려는 의지도 있고 실제로 살 수 있는 구매 능력도 갖춘 것을 말한다. (　　)

3. 주가가 대폭락하면서 시작된 미국 경제 ________은 다른 나라로 확산되어 전 세계적인 경제 문제를 불러 왔다. (　　)

4. 수요가 부족해 상품 ________가 쌓이고 실업이 증가했다. (　　)

5. 요즘은 대학을 졸업하고도 취직을 못한 고학력 ________가 증가해 심각한 사회 문제가 되고 있다. (　　)

6. 시장의 실패를 경험한 나라에서는 수요와 공급을 조절하기 위해 정부가 개입해서 가격을 ________기 시작했다. (　　)

❶ 어떤 재화나 서비스를 일정한 가격으로 사려고 하는 욕구
❷ 물건을 사는 것
❸ 일정한 목적에 따라 행위를 제한하거나 조절하다
❹ 지나친 생산으로 인해 생산과 소비의 균형이 깨져 급격한 경제 혼란에 빠지는 상태
❺ 팔리지 않고 창고에 남아 있는 물건
❻ 일자리를 잃거나 직업을 가지지 못한 사람

07-14 1. 강의를 들으면서 노트 필기를 해 봅시다.

수요곡선

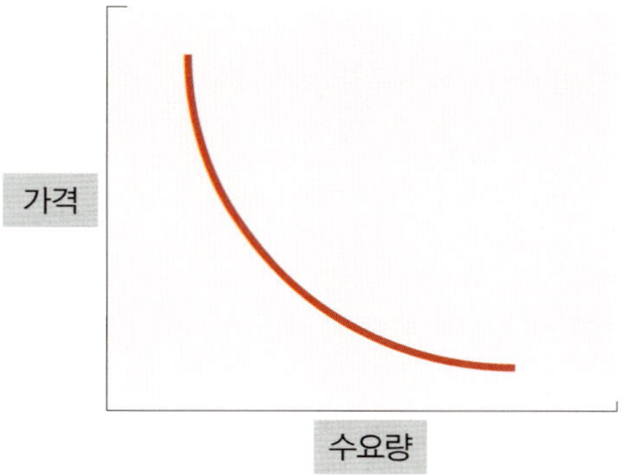

공급곡선

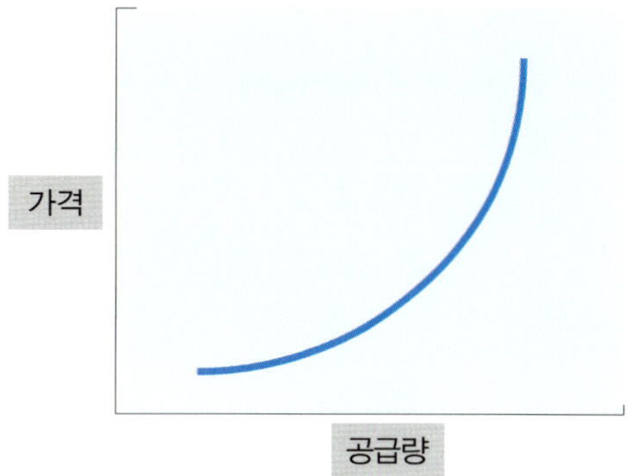

1. 수요란?

   – ________________________________

2. 수요법칙

   – 가격이 ________면, 수요량이 ________고, 가격이 ________면, 수요량이 ________

3. 수요 곡선

4. 공급이란?

– ______________________________

5. 공급법칙

– 상품의 가격이 ____________ 공급량도 ____________관계

6. 공급곡선

7. 가격의 결정

– 균형가격 (= ____________가격)

8. 아담 스미스의 시장 원리

– ______________________________

• 보이지 않는 손 = ____________

– 시장 경제의 실패 예 : ____________

2. 다음 질문에 답하십시오.

1) 다음 내용이 이 강의의 내용과 같으면 ○, 다르면 × 하십시오.

❶ 경제학에서는 상품을 구입하려는 욕구만 있으면 모두 수요에 포함시킨다. ( )

❷ 1930년대의 세계 대공황은 시장 경제의 자율적인 가격 조절이 매우 필요하다는 것을 보여 준 좋은 예이다. ( )

❸ 요즘에는 정부가 시장 경제에 개입하여 가격을 조절하기도 한다. ( )

2) 이 강의에서 말한 '보이지 않는 손' 을 가장 잘 설명한 것을 고르십시오. ( )

❶ 강력한 정부가 보이지 않게 뒤에서 시장의 가격을 조절한다.

❷ 합법적이지 않은 방법으로 뒤에서 보이지 않게 거래하는 가격이다.

❸ 기업이 제품을 생산하고 가격을 결정할 때는 소비자들이 알 수 없게 몰래 정한다.

❹ 개인들이 자유롭게 경제 활동을 하다 보면 저절로 가격이 형성되어 시장 경제를 움직인다.

3) 이 강의의 첫 부분에 강사가 노트북 거래의 예를 든 이유는 무엇입니까?

4) 이 강사는 아담 스미스의 시장 원리에 대해 어떤 의견을 가지고 있습니까?

생각해 봅시다

여러분은 정부가 시장 경제에 어느 정도 개입하는 것이 좋다고 생각하십니까? 이상적인 경제 체제에 대해 생각해 봅시다.

08 교육의 이해

교육과정 결정요인

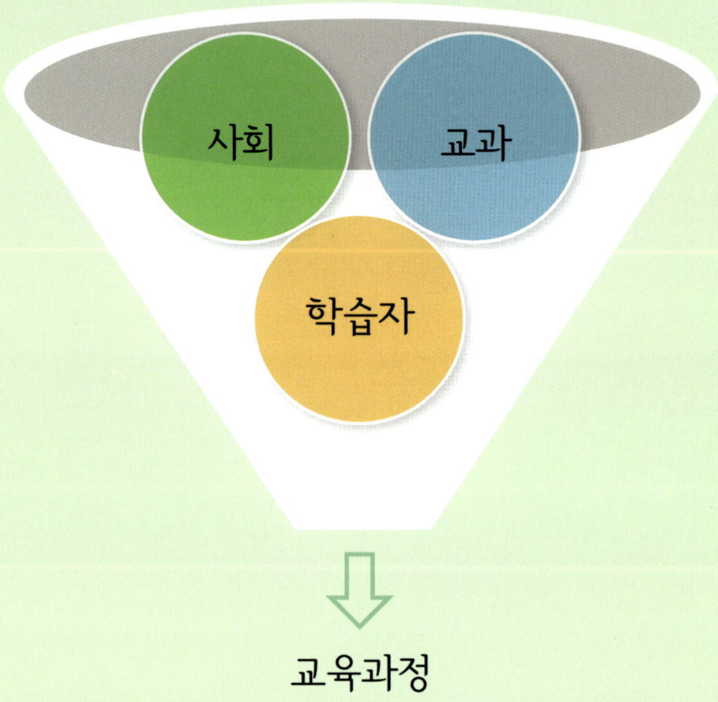

- 교육과정을 결정할 때 중요한 요소들은 무엇입니까?

- 지금까지 배운 교과목에는 무엇이 있습니까?

강의 듣기 1

08-01 ~ 07 **[어휘]**

다음 문장을 들으며 빈 칸을 채운 후 그 어휘의 뜻을 아래에서 찾아 (　　) 안에 번호를 쓰십시오.

1. ________은 정해진 교육의 목적에 따라 교육 내용과 수업의 교육 및 학습을 종합적으로 계획한 것을 말한다. (　　)

2. 교육과정을 결정할 때 중요한 세 가지 ________은 뭘까요? (　　)

3. 특정 교과는 해당 교육과정의 ________이 되는 내용을 담고 있다. (　　)

4. 특정한 교과가 교육과정에 포함될 때는 그 교과를 왜 선택해야 하는지에 대한 ________가 필요하다. (　　)

5. 교과가 담고 있는 내용은 그 교과가 나타내는 세계를 얼마나 폭넓게 그리고 정확하게 나타내 주는가 즉 ________과 정확성이 있어야 한다. (　　)

6. 수학 과목은 특정 시기와 장소와 관계없이 언제나 변하지 않는 수리적 관계를 잘________ 한다. (　　)

7. 교과마다 주어진 시간은 제한되어 있기 때문에 가장 ________으로 그 교과가 나타내는 세계를 잘 조직해서 보여주어야 한다. (　　)

❶ 사물이나 사건을 이루는 조건이 되는 요소
❷ 올바르고 그렇게 되는 것이 당연하다고 모두 생각할 수 있도록 만듦
❸ 노력에 비해서 얻는 결과가 크다
❹ 교육목표를 이루기 위해 그 내용을 체계적으로 조직한 교육의 전체 계획
❺ 어떤 현상을 표현하거나 나타내다
❻ 어떤 범위나 한계에 있는 여러 가지를 모두 포함하는 성질
❼ 가장 중심이 되는 부분

08-08 1. 강의를 들으면서 노트 필기를 해 봅시다.

246 교육학개론

2. 교육과정 결정요인

교육의 역사나 교육과정 개발사를 살펴볼 때 교육과정과 관련된 결정을 하기 위한 세 가지 기본적인 요인이 있어 왔다. 즉, 교과, 사회, 학습자가 바로 그 요인들이다. 어떤 교육과정이나 이 요인을 중심으로 논의되나 실제로는 교육과정에 따라 차지하는 비중이 달라진다. 세 가지 요인은 모두 중요하지만 교육사에서 시대에 따라 어느 한 요인이 다른 두 가지보다 교육자나 일반인의 주목을 받아 왔다. 따라서 각 시기마다 어느 한 요인이 주도적인 역할을 해 왔다.

2.1. 교과

교과와 관련하여 우리는 다음의 질문을 전제로 논의할 수 있다. 교과는 학생들을 둘러싸고 있는 세계의 실재에 대해 적절하게 설명

제3부 교육이론 247

하고 있는가, 또한 교과는 교과 자체의 고유한 논리를 반영하고 있는가.

교과는 교육과정의 핵심되는 내용을 제공한다. 교과를 두고 우리는 교육과정에서 어떤 교과를 포함시키고 어떤 교과는 배제해야 하는 위치에 있다. 특정교과가 교육과정의 일원이 되기 위해서는 정당화를 필요로 한다.

교과의 정당화는 우선 교과의 외적 특성에서 온다. 즉 선택이 되어 교육과정에 포함된 교과의 정당성의 강약여부는 교과가 담고 있는 내용이 학생의 좁은 경험을 넘어 외부적 실재를 얼마나 폭넓게 그리고 정확하게 대변해 주는가에 달려 있다. 또한 교과가 대변하는 대상 세계의 표상에 있어서 그 표상이 논리적으로 잘 조직되어 있어야 한다. 결국 교과는 교과가 대변하는 세계에 대한 기술의 정확성과 포괄성, 내용 조직 체계의 논리정연성 때문에 교육과정 결정에서 핵심적 지위를 차지한다.

※ 교육과정 결정요인 세 가지 : ❶ ______________________

❷ ______________________

❸ ______________________

1. 교과

❶ 교과 선정 이유

학교교육을 받을 수 있는 시간은 제한되어 있기 때문에 교육과정 안에 모든 교과를 다 포함할 수는 없다.

→ 따라서 ______________________________

❷ 교과 선정 기준

- 교과가 나타내는 세계를 얼마나 ________ 보여주느냐 : ______________

- 교과가 나타내는 세계를 얼마나 ________ 보여주느냐 : ______________

- 교과의 내용이 얼마나 ________ 인가 : ______________

2. 다음 질문에 답하십시오.

1) 이 강의의 요지는 무엇입니까?

2) 다음 중 강의 내용과 맞지 **않는** 것을 고르십시오. (　　)

❶ 교과를 선정할 때 포괄성은 중요한 기준이 된다.
❷ 교과의 학습내용들은 논리적으로 조직되어 있어야 한다.
❸ 교과는 인간 경험과 자연 세계를 폭넓고 정확하게 보여주어야 한다.
❹ 각 교과의 학습내용은 다른 교과와 관계없이 독립적으로 구성되어야 한다.

3) 이 강의에 앞서 무슨 내용이 있었고 앞으로 이어질 강의 내용은 무엇인지 정리해 보십시오.

- 지난 시간 강의 내용 :
- 앞으로 이어질 강의 내용 :

4) 다음을 들은 내용의 순서에 맞게 정리하십시오. (❹)-(　　)-(　　)-(　　)-(　　)

❶ 전통적으로 계속 내려오는 교양교과가 있죠? 철학이라든가 수학이라든가 하는 거요. 그 교과들은 왜 옛날부터 계속 교육과정에 포함되어 있는 걸까요? 그 교과들이 바로 인간 경험과 자연 세계 모두를 가장 폭넓고 정확하게 설명해 주기 때문이죠.
❷ 교과는 교육과정을 짤 때 왜 중요해요? 바로 교육과정의 핵심되는 내용을 구성하고 있으니까요. 그럼 교육과정을 짤 때 우리가 아는 교과를 다 넣어요?
❸ 그럼 어떤 교과는 넣고 어떤 교과는 빼냐 그 기준이 필요하겠지요. 왜 그 교과가 우리 교육과정에 들어가야 하느냐에 대한 정당화가 필요하단 말이죠.
❹ 그럼 이제부터 하나씩 생각해 봅시다. 자, 첫 번째로 교과, 교과가 뭐예요? 우리가 학교에서 배운 과목들이죠, 교육학에서는 교과라고 합니다.
❺ 다시 정리하면 교과를 선정할 때 중요한 기준은 그 교과가 자신이 나타내는 세계를 포괄적이고 정확하게 설명하고 있는지, 내용 조직은 논리적인지가 되는 거죠.

강의 듣기 2

08-09~15 [어휘]

다음 문장을 들으며 빈 칸을 채운 후 그 어휘의 뜻을 아래에서 찾아 (   ) 안에 번호를 쓰십시오.

1. 교육과정을 결정할 때 학습자들의 ________을 잘 반영해야 한다. (   )

2. 교육과정을 짜기 전에 학습자 ________을 실시하는 것이 좋다. (   )

3. 학습자들이 각각 자신만의 학습 조건을 가지고 있다는 것은 ________를 인정하는 말이다. (   )

4. 개인마다 발달하는 것이 다르기 때문에 똑같은 교육과정을 서로 다른 학생들에게 ________으로 적용해서는 안 된다. (   )

5. 각 교육기관에 교육과정 선택권을 ________ 한다. (   )

6. 교육의 목적은 학습자 개개인의 발달을 ________ 것이다. (   )

7. 많은 아이디어 중에서 학생들의 잠재적인 변화에 도움이 되는 것들만 ________ 한다. (   )

❶ 권리나 명예, 임무 등을 지니도록 해 주다
❷ 모두를 똑같이 만듦
❸ 각 개인의 정신적 신체적 능력이나 특성의 차이
❹ 빨리 나아가게 하다
❺ 원하는 것을 개별적인 요소로 나누어 살핌
❻ 엄격하고 공정하게 선택해서 뽑다
❼ 신체나 정서, 지능 등이 성장하거나 성숙한 수준

08 교육의 이해

08-16 1. 강의를 들으면서 노트 필기를 해 봅시다.

3. 학습자

❶ 교육과정에서 '학습자'가 전면에 대두된 시기

____

❷ 개인차의 문제 : 사람들은 모두 다르다.

– 이것은 어디에서 나타나나?

→ ______________________________

❸ 교육과정은 무엇을 반영해야 하나?

중요!!

– ____________________을 반영해야 한다.

– 학습자들이 ________________을 얻을 수 있어야 한다.

– 이를 위해 ________________가 필요하다

↳ 이것이 학습자 요구 분석을 하는 이유

❹ 교육과정은 개개인의 발달에 도움을 줘야 한다.

또한 교육과정은 ________와 ________를 고려하여 학생들의 가치 있는 발달을 도울 수 있는 아이디어를 엄선해서 제안해 주는 것이다.

※ 다음 시간 숙제

____

____

2. 다음 질문에 답하십시오.

1) 이 강의에 나타난 강사의 태도는 어떻습니까? (　　)

❶ 주장을 표면적으로 드러내지 않고 객관적으로 사실을 기술하고 있다.
❷ 개념을 설명하면서 자신의 입장을 분명히 드러내고 있다.
❸ 감정적인 표현을 사용하여 강하게 설득을 하고 있다.
❹ 지금까지의 학계의 주장을 비판하고 새로운 자신의 주장을 제기하고 있다.

2) 이 강의에 나타난 강사의 입장과 <u>다른</u> 것은 무엇입니까? (　　)

❶ 학습자의 특성은 교육과정 결정에 매우 중요한 부분이다.
❷ 현재 한국의 교육과정은 좋은 방향으로 나아가고 있다.
❸ 교육과정 개발을 위해 학습자 요구분석이 필요하다.
❹ 같은 발달단계에 있는 학습자들은 동일한 교육과정으로 교육하는 것이 효율적이다.

3) 이 강의 내용에서 알 수 있는 것이 아닌 것은 무엇입니까?

❶ 20세기 발달 심리학은 학습자 개개인의 특성을 중요하게 생각한다.
❷ 학습자들은 모두 자신만의 학습조건을 가지고 있다.
❸ 교육과정을 통해 학습자들에 대한 심리적인 이해가 이루어진다.
❹ 교육과정은 학생들의 잠재적인 변화에 대해서 제안한다.

4) 다음 내용이 이 강의의 내용과 같으면 ○, 다르면 × 하십시오.

❶ 학습자들이 최상의 이익을 얻을 수 있도록 교육과정을 설계해야 한다. (　　)
❷ 교육과정은 개개인의 발달에 도움이 되는 매개물의 성격을 지니고 있다. (　　)

생각해 봅시다

각 교육기관에 교육과정 선택권을 주는 것이 바람직하다는 주장에 대해 동의합니까? 자율적으로 학교들이 교과를 선택하고 교육과정을 설계하는 것이 바람직한 것인지 아니면 그 나라의 교육부에서 교육과정을 짜고 동일한 교육과정으로 교육하는 것이 좋은지 이야기해 봅시다.

09 도시의 기후

- 도시의 날씨는 도시 주변의 다른 지역과 어떻게 다릅니까?

- 도시의 날씨가 이렇게 다른 이유가 무엇인지 이야기해 봅시다.

강의 듣기 1

09-01 ~ 07

[어휘]

다음 문장을 들으며 빈 칸을 채운 후 그 어휘의 뜻을 아래에서 찾아 (　　) 안에 번호를 쓰십시오.

1. 같은 ________ 조건 하에서 도시 기후는 농촌 지역의 기후와 크게 다르게 나타난다. (　　)
2. 도시는 주변 지역에 비해 기온이 올라가고 ________도 많아진다. (　　)
3. 항해를 할 때는 풍향과 ________을 살펴서 앞으로 나아가야 한다. (　　)
4. 지하에서는 햇볕이 안 들어오니까 ________이 적어 식물이 잘 자라지 못한다. (　　)
5. 이곳은 날씨는 덥지만 ________가 높지 않고 시원한 바람이 부니까 휴양지로 적당하다. (　　)
6. 도시화가 진전될수록 ________중에 함유된 오염 물질도 증가한다. (　　)
7. 도시의 기온 분포를 나타내는 ________은 섬의 등고선과 유사한 형태를 띤다. (　　)

❶ 바람의 속도
❷ 햇빛이 쪼이는 양
❸ 구름이 하늘을 덮은 비율
❹ 공기 중에 수증기가 포함되어 있는 정도나 양
❺ 일기도 등에서 기온이 같은 지점을 연결한 선
❻ 지구의 중력에 의해 지구를 둘러싸고 있는 기체, 공기
❼ 비, 눈, 바람, 구름, 기온, 기압 등 대기 속에서 일어나는 현상

09 도시의 기후

09-08 1. 강의를 들으면서 노트 필기를 해 봅시다.

1. 도시 기후란?

정의 : 같은 기상 조건하에 있는 지역 안에서 주변 농촌의 기후와 다르게 나타나는 도시의 기후

도시화의 진전에 따른 기후 변화

- 감소 : ____________, ____________, ____________
- 증가 : ____________, ____________, ____________

도시 기후 형성의 원인 : ____________, ____________

2. 도시 기후의 대표적인 현상 : 1) ____________

2) ____________

3) 대기 오염

1) 기온 상승

'도시 기온' 또는 '열섬 heat island' : 도시는 주변 지역보다 기온이 높음.

(1) 열섬이라 부르는 이유 : ____________

(2) 열섬의 형성 : ____________

* 야간에 더 심한 이유 ____________

(3) 열섬에 영향을 미치는 요인 : ____________, 도시의 기능, ____________

(4) 열섬이 가장 뚜렷한 때 : 겨울철 ____________, 기온이 가장 낮을 때

↘ # 숙제 : ____________

2. 다음 질문에 답하십시오.

1) 이 것은 강의의 일부입니다. 어떤 부분입니까? 어떻게 알 수 있습니까?

- 어떤 부분입니까? : ______________________
- 어떻게 알 수 있습니까? :

____

2) 지난 시간의 강의 내용과 앞으로 이어질 강의 내용을 간단히 써 보십시오.

- 지난 시간 : ______________________
- 다음 시간 : ______________________

3) 이 강의에 나타나는 강사의 태도는 어떻습니까? 그렇게 생각하는 이유를 쓰십시오. (　　)

❶ 과학을 공부하는 자로서의 의식을 일깨우려고 노력하고 있다.
❷ 도시화의 문제점을 지적하고 도시 개발에 반대하고 있다.
❸ 인간의 생활에서 기후가 차지하는 중요성을 강조하고 있다.
❹ 기초적인 지식의 부족함을 안타까워하고 있다.

이유 : ______________________

4) 이 강의에 나타나는 강사의 태도와 같으면 ○, 다르면 × 하십시오.

(1) 재미있는 일화를 적극적으로 사용하고 있다. (　　)
(2) 학생들의 이해를 확인하며 진행하고 있다. (　　)

09 도시의 기후

강의 듣기 2

09-09 ~ 15 [어휘]

다음 문장을 들으며 빈 칸을 채운 후 그 어휘의 뜻을 아래에서 찾아 (　　) 안에 번호를 쓰십시오.

1. 도시는 비가 집중적으로 많이 내릴 때가 있지만 1년 간 ________은 주변 지역보다 조금 적은 편이다. (　　)

2. 농촌의 ________은 아주 건조한 경우에도 지하수가 지표로 올라오며 끊임없이 증발하고 있어서 바싹 마르지는 않는다. (　　)

3. 옷을 살짝 적실 정도의 ________라서 우산을 쓰지 않고 그냥 뛰어 가기로 했다. (　　)

4. 이틀 동안 그칠 줄 모르고 쏟아지는 ________로 댐이 무너지고 산사태가 나는 등 사고가 줄을 이었다. (　　)

5. 숲이 황폐해지면 지하 ________의 수분 함량이 적어진다. (　　)

6. 더운 여름날 길에 물을 뿌리면 시원한 것이 바로 ________때문이다. (　　)

7. 물이 계속 끓더니 다 ________ 해 버리고 한 방울도 안 남았다. (　　)

❶ 땅의 겉면, 지표
❷ 가늘게 내리는 비
❸ 흙 속에 들어 있는 물
❹ 액체가 공기로 바뀌는 데 필요한 열량
❺ (짧은 시간에) 줄기차게 계속 쏟아지는 비
❻ 물 등 액체 상태의 물질이 공기와 같은 기체 상태로 변하는 일
❼ 비, 눈, 우박 등이 일정 기간 동안 일정한 곳에 내린 것을 계산한 전체 물의 양

09-16 1. 강의를 들으면서 노트 필기를 해 봅시다.

2) 집중 호우와 탈수 현상

(1) 집중 호우 ← 도시의 지붕 구조, (2) 탈수 현상← 포장된 노면

- 도시 지역의 강수 현상?

1년 강수량 : ______________

이슬비 : ______________

집중 호우 : ______________

(1) 집중 호우 현상

도시의 지붕 구조 때문임.

→ 실제 빗물이 땅에 닿는 부분이 적음.

→ ________________________________

예 건폐율 50%, 60mm의 비가 올 경우 : 지면에 닿는 양이 2배(120mm)가 됨.
90%, 20mm의 비 : 거의 ______________가 됨.

(2) 탈수 현상

: 포장된 도로 때문임.

- 비가 땅속으로 스미지 못함. → 비가 그치면 ______________

cf) 농촌의 경우

- 땅 속의 물이 지표면으로 빨아 올려져서 계속 증발하고 있음.
- 식물들이 ____

도심 탈수 현상의 예 1995년 여름의 도심 더위 : 자세한 내용은 집에서 찾아 볼 것
↘ 숙제

3) 대기 오염

2. 다음 질문에 답하십시오.

1) 이 강의는 무엇에 대한 것입니까?

2) 이 강의의 요지를 쓰십시오.

3) 집중 호우의 원인이 되는 도시의 지붕 구조를 설명하십시오.

4) 다음 내용이 이 강의의 내용과 같으면 ○, 다르면 × 하십시오.

(1) 도시 지역의 강수 현상을 파악하기 위하여 인근 지역과 비교하고 있다. ( )
(2) 도시에는 상하수도가 있어서 완전한 탈수 상태가 되는 경우는 없다. ( )
(3) 도심이 밤에도 계속 더운 건 적운이 발달하여 습도가 높기 때문이다. ( )

생각해 봅시다

이 강의에서 도시의 기후 현상 가운데 특히 문제가 되는 것은 무엇이라고 합니까? 여러분도 그렇게 생각합니까?

이를 해결하려면 어떻게 해야 할까요? 이야기해 봅시다.

10 문학과 비평

<세계적인 작가>

- 어떤 문학 작품이 좋은 작품이라고 생각합니까?

- 문학 작품을 읽고 비평을 할 때는 작가와 작품에서 어떤 점들을 눈여겨봅니까?

강의 듣기 1

10-01 ~ 07 [어휘]

다음 문장을 들으며 빈 칸을 채운 후 그 어휘의 뜻을 아래에서 찾아 ( ) 안에 번호를 쓰십시오.

1. ________을 하기 위해 책을 읽을 때에는 문학 작품을 읽고 나서 그 작품의 내용과 형식 등을 여러 가지로 꼼꼼히 살펴보는 비판적 읽기가 필요하다. ( )

2. 17세기 말 다윈에 의해 인간이 신의 ________을 따라 창조되었다고 믿는 창조론이 흔들리게 되었다. ( )

3. 초등학교 때는 훌륭한 위인의 일생을 그린 ________를 읽게 하는 것이 아이의 꿈을 키우는 데 좋다. ( )

4. 한평생 어떻게 살아갔는가 하는, 작가의 ________는 어떤 식으로든 작품의 내용에 영향을 끼치게 마련이다. ( )

5. 주관적 비평 방법의 한계를 극복하기 위해 ________비평 방법을 도입하였다. ( )

6. 다윈이 진화론을 발표한 이후 인류는 ________의 대전환을 맞이해 사회 전반에서 새로운 가치관을 추구하게 된다. ( )

7. ________ 문학자들은 현실을 낭만적으로 그리는 것은 독자를 속여 꿈꾸게 하는 것이므로 비참하더라도 현실을 있는 그대로 그려야 한다고 생각한다. ( )

❶ 객관적 사실을 있는 그대로 정확하게 그려 내려고 하는 문학
❷ 이 세상에 살아 있는 동안, 일생 동안
❸ 사람이나 물건의 겉으로 나타나 보이는 모양
❹ 당사자가 아닌 제3자의 입장에서 사물을 보고 생각하다
❺ 한 인물이 태어나서 죽을 때까지 무엇을 하고 살았는지를 적은 기록
❻ 사물의 옳고 그름이나 아름다움과 추함 등을 평가하여 논하는 일
❼ 어떤 한 시대 사람들의 사고나 인식을 근본적으로 규정하는 이론적인 틀이나 체계

10 문학과 비평

10-08 1. 강의를 들으면서 노트 필기를 해 봅시다.

제1장 역사·전기적 비평 방법

1) 특징

작가의 ________가 중요함. ____________을 작품 분석에 적용

└ : ______________________________ 기록

2) 사상적 배경

주관적 사고 • ________비평	패러다임(paradigm)의 대전환 → ________의 영향 17C 말 : ______의 ______	________사고 • ________비평

3) 문학 창작 경향

❶ ________, ________문학 발달 : 현실을 있는 그대로 그리자

❷ ________문학 발달 (영국) : 작가의 일생을 작품화

2. 다음 질문에 답하십시오.

1) 다음 수업계획표에 강사가 알려준 과제 내용을 적으십시오.

주차	수업 내용	과제
1주	역사·전기적 비평	×
8주	페미니즘 비평	×
9주	중간시험 기간	

2) 강의 내용의 순서에 맞게 번호를 쓰십시오. (❹)-( )-( )-( )-( )

❶ 이제 이 비평 방법이 생겨나게 된 사상적인 배경을 좀 살펴봅시다.

❷ 17세기 말 이후 다윈이 인간은 창조된 게 아니라 진화된 거라고 발표를 하고 난 이후에, 인류는 패러다임의 대전환을 맞이하게 됩니다.

❸ 그러면 본격적으로 오늘 강의로 들어가 봅시다. 오늘은 제1장 역사 · 전기적 비평 방법입니다. 먼저 역사 · 전기적 비평 방법의 특징을 알아보죠. 자, 역사, 여러분 역사 드라마 많이 보시죠?

❹ 수업계획서를 보면서 이번 학기에 뭘 배울지 한 번 같이 살펴볼까요? 중간고사 전까지 우리는, 오늘 배우는 역사 · 전기적 비평에서 페미니즘 비평까지, 현대에 많이 쓰이는 비평 방법들을 알아볼 겁니다.

❺ 이렇게 자연과학적인 생각이 유행을 하면서, 이 당시 문학 창작 경향은, 사실주의, 그러니까 리얼리즘(realism) 문학이 발달했어요.

3) 역사 · 전기적 비평 방법이 생겨나는 데 가장 큰 영향을 끼친 것은 무엇입니까? ( )

❶ 철학 ❷ 사회학 ❸ 인문학 ❹ 자연과학

4) 다음 내용이 이 강의의 내용과 같으면 ○, 다르면 × 하십시오.

(1) 이 수업에서 중간시험은 보고서로 대체하고 따로 평가를 실시하지는 않는다. ( )

(2) 강사는 역사 드라마의 시나리오를 잘 쓰는 방법을 주로 소개하고 있다. ( )

(3) 비평가들은 전기적 비평의 한계를 극복하기 위해 인상주의 비평을 도입하였다. ( )

10 문학과 비평

강의 듣기 2

10-09 ~ 15 [어휘]

다음 문장을 들으며 빈 칸을 채운 후 그 어휘의 뜻을 아래에서 찾아 ( ) 안에 번호를 쓰십시오.

1. 작가의 생애에 관심을 갖기 때문에 유명한 작가일수록 누구를 좋아했고, 몇 번이나 결혼했는지 등 개인의 모든 것을 낱낱이 ________. ( )

2. 연예인의 개인적인 생활에 관심이 많은 팬들 때문에 유명 연예인들에게 비밀이 보장되는, 개인적인 ________은 없다고 본다. ( )

3. 작가의 전기를 연구하는 비평가들은 새로 알아낸 사실과 작품의 ________관계를 밝히기 위해 애를 쓴다. ( )

4. 시에는 아라비아의 의상, 사라센의 비단, 배, 정거장, 열차, 여객기 같은 ________이미지가 나타난다. ( )

5. 새로 밝혀낸 자료에서 알아낸 작가의 전기적 사실이 문학 작품과 어떤 상관을 가지는가를 ________ 일이 역사 · 전기적 비평 방법에서는 가장 중요하다. ( )

6. 서구 문화에 흠뻑 빠진 작가는 당시 집값에 ________가격의 피아노를 사서 연주를 할 정도였다. ( )

7. 역사 · 전기적 비평 방법은 작가의 생애와 작품을 ________짓는다는 점에서 흥미로운 연구 방법이라고 할 수 있다. ( )

❶ 잡스러운 여러 가지가 뒤섞여 있다
❷ 분량, 크기 따위가 거의 비슷한 상태에 이르다
❸ 개인의 사사로운 일상생활
❹ 일정한 관계를 맺음
❺ 감추어진 사실을 드러내어 밝히다
❻ 문제나 사건의 내용을 알기 쉽게 풀어서 설명하다
❼ 어떤 것의 결과나 현상이 다른 것에 미치는 일

10-16 1. 강의를 들으면서 노트 필기를 해 봅시다.

세계의 아침

비늘
돋힌
해협(海峽)은
배암의 잔등
처럼 살아났고
아롱진 아라비아의 의상을 두른 젊은 산맥들.

바람은 바닷가에 사라센의 비단폭처럼 미끄러웁고
오만(傲慢)한 풍경은 바로 오전 칠시(七時)의 절정
(絕頂)에 가로누었다.

헐덕이는 들 우에
늙은 향수(香水)를 뿌리는
교당(教堂)의 녹 슬은 종(鍾)소리.
송아지들은 들로 돌아가려무나.
아가씨는 바다에 밀려가는 윤선(輪船)을 오늘도
바래 보냈다.

국경 가까운 정거장(停車場).
차장(車掌)의 신호(信號)를 재촉하며
발을 구르는 국제열차.
차창마다
잘 있거라를 삼키고 느껴서 우는
마님들의 이즈러진 얼굴들.
여객기들은 대륙의 공중에서 티끌처럼 흩어졌다.

– 김기림 〈기상도〉(1936) 제1부 부분

… 난로는 새빨갛게 타야 하고, 화로의 숯불은 이글이글 피어야 하고, 주전자의 물은 펄펄 끓어야 된다. 백화점 아래층에서 커피의 알을 찧어 가지고는 그대로 가방 속에 넣어 가지고, 전차 속에서 진한 향기를 맡으면서 집으로 돌아온다. … 싸늘한 넓은 방에서 차를 마시면서, 그제까지 생각하는 것이 생활의 생각이다. 벌써 쓸모 적어진 침대에는 더운 물통을 여러 개 넣을 궁리를 하고, 방구석에는 올 겨울에도 또 크리스마스트리를 세우고 색 전등으로 장식할 것을 생각하고, 눈이 오면 스키를 시작해 볼까 하고 계획도 해보곤 한다. …

– 이효석 〈낙엽을 태우면서〉(1938) 부분

10 문학과 비평

역사 · 전기적 비평의 연구 방법

1. 주요 연구 방법 : ______________________를 연구

______________________이 가장 중요

작가 연구의 예

작가	성향	작품
김기림	______________________	〈기상도〉의 잡다한 이미지
이효석	______________________	서구 지향적 소재, 이그조티시즘(exoticism)

2. 다음 질문에 답하십시오.

1) 역사 · 전기적 비평 방법 전에는 어떤 비평 방법이 있었는지 쓰십시오.

_______________ → 역사·전기적 비평 방법

2) 이 강사가 소개하고 있는 연구 방법은 무엇입니까? 이 연구를 수행하는 방법을 간단히 쓰십시오.

3) 이 강사는 이효석의 작품 경향에 대해 어떻게 해석하고 있습니까? (　　)

❶ 현실을 외면했으므로 옳지 않다고 본다.
❷ 서구 문화를 전통 문화와 잘 조화시켰다고 본다.
❸ 외래 지향적 태도를 문학적으로 잘 드러냈다고 본다.
❹ 작가의 서구적 취향이 작품에 많이 반영되어 있다고 본다.

4) 이 강사는 역사 · 전기적 비평 방법을 어떻게 설명하고 있습니까? (　　)

❶ 객관적인 연구 방법이므로 적극적으로 이용해야 한다고 주장한다.
❷ 작품 자체에 대한 분석에는 소홀해지는 부정적 측면만을 강조한다.
❸ 작가에 대해 많이 알면 알수록 작품을 잘 해석할 수 있다고 조언한다.
❹ 여러 연구 방법 가운데 하나로 보고 구체적인 작가의 예를 들고 있다.

생각해 봅시다

역사 · 전기적 비평 방법이 저지를 수 있는 '의도의 오류'에 대해 어떻게 생각합니까? 역사 · 전기적 비평 방법은 객관적인 비평 방법일까요? 아니면 주관적인 비평 방법일까요? 인상주의 비평이나 형식주의 비평과 비교해 가면서 이야기해 봅시다.

부록

:: 듣기 지문

:: 모범 답안

듣기 지문

01 성격과 심리

강의 듣기 1

[어휘] 01-01 ~ 07

1. 자기 안의 세계에 갇혀 있는 자폐아들은 사회적인 상호 작용이 거의 안 된다.
2. '너 자신을 알라'는 말은 돌다리도 두드려보고 건너듯 신중하게 판단하라는 뜻으로 해석할 수도 있다.
3. 사회적인 상호 작용은 인간의 행동이 목적 지향적이라는 것, 즉 다른 사람의 행동에는 어떤 의도가 있다는 사실을 인식해야 가능한 일이다.
4. 사회생활을 잘 하려면 겸손하게 행동하고 과욕을 부리지 말아야 한다.
5. 우리는 남의 기대를 충족시키거나 기대한 것 이상을 성취할 때 긍지를 느낀다.
6. 다른 사람들의 시선에 신경을 별로 안 쓰는 사람들은 동료 집단 내에서 잘 못 지내고 그래서 사회성이 떨어진다.
7. 사회생활을 하면서 다른 사람과 의견 충돌이나 마찰이 생길 때 사람들은 성격에 대해서 관심을 가지기 시작한다.

1. 01-08

이번 학기 심리학개론 수업을 맡은 황상민입니다. 오늘 여러분들하고 제가 나눌 이야기는 성격을 안다는 것이 사회적으로 어떤 의미가 있는가에 대한 것입니다. 다시 말해서, 성격을 알면 무엇이 좋은가, 우리는 왜 자신이나 상대방의 성격을 알고 싶어 하는가 하는 점에 대해서 이야길 해 봅시다. 먼저 성격을 알면 뭐가 좋은지부터 알아볼까요? 어, 여러분들 '너 자신을 알라' 그런 이야기 들어보셨죠? 우리는 보통 소크라테스가 그런 이야기를 했다고들 생각을 하는데 '너 자신을 알라'라는 말은 그리스에 있는 델파이 신전에 쓰여져 있는 말입니다. 그리스 시대 도시 국가들이 있을 때 뭔가 국가적으로 또는 자기 삶에 있어서 중요한 결정을 해야 될 때, 가서 기도를 하고 신의 계시를 받았던 데가 바로 이 델파이 신전입니다. 그런데 이렇게 중요한 자리에 왜 '너 자신을 알라'는 말이 있었을까요? (사이) 그게 가장 중요한 계명이었다는 거지요. 많은 사람들은 이 내용을 해석할 때 '너 자신을 알라'라는 말이 겸손하게 행동하고 어떤 과욕을 부리지 말고, 뭐 이래야 된다는 뜻으로 해석을 합니다. 또 그냥 우리가 조심하면서 잘 신중하게 판단해라 뭐 이런 뜻으로도 생각하시는 분들도 있습니다.

그런데 심리학자의 입장에서 봤을 때, '너 자신을 알라'라는 말은 바로 너 자신이 어떤 성격을 가진 사람인가를 알기만 한다면 네가 지금 어떻게 살아가고 있고 맞닥뜨린 문제를 어떻게 해결할 수 있는가, 뿐만 아니라 앞으로 네가 어떻게 살아가게 될 것인가 하는 것까지도 알 수가 있다는 겁니다. "나는 하는 일마다 잘 안 풀려요, 나는 손만 댔다 하면 항상 손해만 봐요" 이렇게 이야기를 하는 분들 있습니다. 그렇죠? 네, 그런데 그런 이야기를 하시는 분들이 가지고 있는 성격을 보면, 하는 일마다 잘 안 풀리게 돼 있습니다. 자, 하는 일마다 안 풀리는 분 같은 경우에는 싫증을 쉽게 낼까요? 아니면 진득하니 오래 할까요? 네, 대개 그런 분들은 싫증을 쉽게 냅니다. 그래서 어떤 일을 하더라도 오래 하기가 힘듭니다. 그러니까 일이 잘 될 수가 없습니다. 왜일까요? 어떤 일이든지 간에 뭔가가 제대로 되려면 일정한 시간이 많이 걸리고 또 상당히 많은 노력이 필요로 하게 됩니다. 그러니까 자꾸 이 일 저 일에 손을 댔다가 뗐다가 해서는 성공을 할 수 없거든요. 이~ 사람의 성격을 알면요, 그 사람이 5년 후에, 그 사람이 10년 후에 어떻게 살아갈지 눈에 보이기 시작합니다. 무슨 말이냐면, 본인이 스스로 자신의 성격을 얼마나 잘 아느냐에 따라서 여러분의 미래가 정해질 수도 있다는 이야깁니다.

자, 그럼 우리는 왜 나나 상대방의 성격을 궁금해 할까요? 다른 사람이 나에게 기대하는 것에 나를 맞추려고 하고 또 나 역시 남에게 어떤 기대를 가지고 있기 때문입니다. 그럼 자폐아는 어떨까요? 자폐아들은 누가 있어도 신경 안 씁니다. 그래서 사회성이 상당히 떨어집니다. 자폐아는 남의 관심을 끌려고 하지도 않고, 남이 뭘 보고 있는가도 살피지 않습니다. 그냥 혼자 가만히 있는데, 그런 아이한테 무슨 이야기를 해도 그 아이한테는 안 들립니다. 자폐아들은 일반적으로 우리가 생각하는 사회적인 상호 작용이 거의 안 됩니다. 칭찬을 하는 법도 당연히 없습니다. 그래서 감정이 상당히 메말라 있고 세상으로부터 단절돼 있다는 느낌을 줍니다. 남에게 감정과 기대와 믿음과 의도가 있다는 생각을 할 수 있어야만 원만한 사회생활을 할 수 있는데 자폐아는 아예 그런 거에는 관심이 없습니다.

자, 근데 왜 자폐아 이야기를, 성격을 이야기하면서 합니까? 라는 궁금증이 생기시죠? 우리는 어떻게 행동을 합니까? 여기에서 나는 다른 사람 관심 받지 않고 싶어요 하시는 분 있습니까? 없으시죠. 우리는 늘 남의 기대를 충족시키거나 기대한 것 이상을 성취하려고 합니다. 또 그것에 긍지를 느낍니다. 남에게 감정과 기대와 믿음과 의도가 있다는 사실을 아니까 그러는 겁니다. 그러니까 우리가 원만한 사회생활을 하려면 다른 사람에게 어떤 생각과 감정과 의도와 기대가 있는지 알아야 된다는 이야기죠. 만일 내가 자폐아처럼 이 세상에 산다면 나나 남의 성격을 알 필요가 있을까요? 알 필요가 없습니다. 대개 경우에 사람들이 자기 성격에 대해서 궁금하게 여기거나 관심을 가지는 거는 다른 사람과 같이 있으면서 충돌이나 마찰이 생기기 때문에 성격에 대해서 관심을 가지기 시작한다는 겁니다. 이제 자폐아와 일반인의 성격 차이, 이해가 가세요?

강의 듣기 2

[어휘] 01-09 ~ 15

1. 인간은 서로에게 기대가 있음을 알고 그 기대를 충족시키려고 노력하는 사회적 존재이다.
2. 한 사람이 가진 여러 모습에서 그 사람의 성격을 유추하는 데 필요한 단서들을 발견할 수 있다.
3. 타인의 성격을 아는 것은 모나지 않게 원만한 사회 활동을 하는 데 도움이 된다.
4. 내가 파악한 상대방의 성격이란 게 처음부터 내가 그 사람을 어떻게 보느냐와 관련된 문제지 그 사람이 원래 본질적으로 어떤 사람이냐 하고는 아무 관련이 없다.
5. 어떤 사람을 처음 만나서 그 사람이 겉으로 드러내는 면과 또 다른 측면을 동시에 본다는 게 쉬운 일은 아니다.
6. 상대방의 성격을 알려면, 즉 상대방의 성격을 파악할 때는 그 사람이 처한 상황이나 나와의 관계 등을 고려해야 한다.
7. 하나의 그림에서 두 가지 이상의 사물을 보도록 하는 그림은 우리 눈의 착시현상을 이용한 것이다.

1. 01-16

지난 시간에는 성격을 안다는 것이 왜 중요한가에 대해 알아봤지요. 우리는 자폐아와는 달리 서로에게 기대가 있음을 알고 그 기대를 충족시키려고 노력하는 사회적 존재이기 때문에 성격을 아는 것은 원만한 사회 활동을 하는 데 도움이 된다고 설명했었습니다. 그럼 성격을 파악할 때는 뭘 고려해야 할까요? 지금부터 저하고 그림을 보면서 대상의 다양한 측면을 보는 연습을 해봅시다. 이렇게 다양한 측면을 발견하는 연습은 한 사람이 가진 복합적인 성격을 파악하는 데 도움이 될 겁니다.

여러분 ①번 그림에 뭐가 보입니까? 토끼요? 오리요? 네. 아직도 오리가 누워 있는 게 안 보이는 분들은 성격이 상당히 고집이 세신 분들입니다. 네, 앞에 여러분들이 보고 있는 그림은 오립니다. 이렇게 여러분들이 어떤 사람을 '본다'는 것도, 누구나 보는 대로 그 사람을 볼 수도 있지만은, 다른 사람 눈에는 전혀 띄지 않는 어떤 모습을 내가 동시에 볼 수도 있다는 겁니다. 그런데 한 가지 문제는 뭐냐면, 사람들은 뭐든지 하나로 분명하게 정리할 수 없을 때 마음이 불편해진다는 겁니다. 사람을 만날 때도 마찬가지지요. 어떤 사람의 한 쪽 면과 또 다른 면을 동시에 본다는 게 처음에는 상당히 어렵고 그렇게 단순한 문제가 아닙니다. 하지만 한 사람을 다각적으로 평가하는 데 익숙해지면 우리는 상대방이 가진 성격을 파악할 수 있는 단서들을 한꺼번에 다 볼 수가 있게 됩니다.

다음에 ②번 검은 색 먹물로 그린 그림에서는 뭐가 보입니까? 강아지요? 나무도 보이시고요? 소? 네, 소도 보이구요. 아마 농촌에서 살아오신 분들은 이걸 소로 볼 거구요. 도시에서 사시는 분들은 대개 개를 보고 그러지 않을까 싶습니다. 그런데 이게 어떤 그림이냐면요, 흰 종이에다가 그냥 검은 먹물을 뿌려놓은 겁니다. 여기서 재미있는 건, 이게 아무것도 아니라는 걸 알았음에도 불구하고 여전히 여기서 개와 나무가 보인다는 겁니다. 이건 뭘 의미하는 겁니까? 우리가 누군갈 만나서 처음에 내가 '그 사람은 이럴 거다'라고 본 이후부터는 계속 그렇게 보게 된다는 겁니다. 그러니까 내가 파악한 상대방의 성격이란 게 처음에 내가 그 사람을 어떻게 보느냐라는 것에 관련된 문제지, 그 사람이 원래 본질적으로 어떤 사람이냐 하고는 아무 관련이 없다라는 거, 여러분 이해하시겠습니까?

그 다음에요. 이걸 한번 보세요. 여기 ③번 괴물 그림에서 앞에 있는 괴물하고 뒤에 있는 괴물하고 어느 게 더 커 보입니까? 크기를 한번 재 볼까요? 앞에 있는 괴물의 크기는 요렇습니다. 그리고 그 막대기를 옮기면 이렇습니다. 네, 바로 이 배경 때문에 뒤에 있는 게 아주 크게 보이는 겁니다. 그러니까 어떤 사람의 성격이 어떻다라는 거는 그 사람이 어떤 상황에 있느냐에 따라서 전혀 다르게도 보여질 수 있다는 겁니다. 어떤 정치인이 죽고 나면 평가가 달라지는 것도 그 때문입니다. 그러니까, 항상 평가는 그 인간이 본질적으로 어떻다의 문제가 아니라, 그 인간과 나와의 관계가 어떻다라는 걸 알려줄 뿐입니다.

자, 마지막으로 이 ④번 옥상 사진을 한번 보세요. 자, 이 사진이 어떤 사진인 거 같습니까? 옥상에 올라가는 사진이에요? 내려가는 사진이에요? 잘못된 사진? 착시 현상이라고요? 네, 대개 많은 사람들은 자기가 이해가 안 되면 뭔가 잘못된 사진이라고 그럽니다. 근데 착시라는 건 잘못 봤다는 이야기죠? 하지만 여러분은 이 사진을 잘못 본 게 아닙니다. 제대로 보니까 오르락내리락 하는 느낌을 가지는 겁니다. 그런데 이 사진을 보고 있으니까 마음이 편하지 않죠? 뭔가 명확하지 않으니까 헷갈리고 마음이 찜찜한 겁니다.

그럼 이 사진의 아랫부분을 가리고 윗부분만 보세요. 어떻습니까? 안 이상하죠? 이번에는 윗부분을 가려볼까요? 전혀 이상하지 않습니다. 근데 같이 보면 이상해지기 시작합니다. 그래서 사람들은 자기가 잘 이해할 수 없거나 뭔가 이상한 사건을 접하게 되면 이 전체를 다 보려고 하지 않고 자기가 이해할 수 있는, 요 부분만 보고 나머진 없다~ 이렇게 되는 겁니다. 실제로 있어도 눈에 안 보입니다. 우리가 성격을 이해한다는 건 바로 이런 문제하고 관련이 있습니다. 사람들은 보고 싶은 것만 보려고 하고 잘 알 수 없는 것에서는 이해할 수 있는 것만 보려고 합니다. 그래서 실제로 있는 거를 제대로 다 못 봅니다.

02 사회화과정

강의 듣기 1

[어휘] 02-01 ~ 07

1. 인간은 출생 이후 성장하면서 그 사회에서 인정된 이념과 태도를 배워 나간다.
2. 인간은 집단 속에서 상호작용을 하면서 관계를 맺게 된다.
3. 인간이 태어난 이후 사회적 환경과의 상호 교섭을 통해서 그 사회에서 인정된 행동양식을 학습해 나가는 과정을 사회화라고 한다.
4. 아이들은 부모로부터 행동양식을 배우고 가치관이 생기게 된다.
5. 하나의 가족은 그 나름의 독자적인 문화체계가 있고 그 안에서 아이의 사회화가 진행된다.
6. 학교제도는 강도 높게 사회의 문화를 전달하는 조직체이다.
7. 인터넷은 실시간으로 아주 빠르게 정보와 의견을 교환하게 해 준다.

1. 02-08

지난 시간에 우리는 사회학에 대해서 이야기했지요. 사회학이 뭘 연구하는 학문일까 그 사회학의 의미와 성격에 대해서 말했는데요, 오늘은 여러분 사회화에 대해 이야기해 봅시다. 여러분 언제부터 인간은 사회화되는 걸까요? 사회화가 뭐예요? 아리스토텔레스가 한 유명한 말이 있지요? 네, 맞아요. 인간은 사회적 동물이

다. 그렇죠. 인간은 사회를 떠나서는 살 수 없지요. 로빈슨 크루소처럼 혼자 섬에서 살게 되어도 동물하고라도 사회적 관계를 맺으며 살려고 할 거예요. 인간은 어떤 집단 속에서 상호작용을 하면서 관계를 맺게 되죠. 그 사회의 이념이나 태도를 배워 가면서 말이에요. 이것이 사회화입니다. 자 정의를 한다면 여기 PPT에서 보는 것처럼 '사회화는 인간이 출생이후 사회적으로 인정된 이념이나 태도, 행동양식을 사회적 환경과의 상호교섭을 통해서 학습해 나가는 과정'이라고 할 수 있습니다. 다시 말해서 사회화는 인간이 태어나서부터 자기 사회의 여러 가지 태도나 그 사회 사람들의 생각이나 행동방법을 배워나가는 거죠, 그 사회의 문화에 적응해 나가는 과정이라고 할 수 있어요. 자 그럼 다시 처음 질문으로 돌아가서 태어나서 언제부터 사회화가 일어나는 걸까요? 학교에 가면서부터? 태어나서부터? 그렇지요. 태어나서부터 사회화는 일어납니다. 그렇다면 사회화의 발단은 바로 가정이 되겠지요. 가정은 태어나서 가장 쉽고 가까운 문화의 장이 됩니다. 그래서 부모로부터 어떻게 행동해야 하는지 그런 행동양식도 배우고 가치관도 생기고 하게 되지요. 그래서 아이들의 사회화 과정을 보면 가족이 어떤가에 따라 아이들이 서로 다른 퍼스낼리티를 가지게 되는 거죠. 예를 들어 A라는 가족은 집안의 인테리어도 우아하고, 옷도 품위 있게 입고, 다들 단정하고 교양 있는 인품을 존중하는 분위기예요. B라는 가족은 먹고 살기 바쁘고, 옷은 가족 모두 실용적으로만 입고, 집안 장식에는 대충 관심 없고 자라나는 아이들에게도 무관심으로 일관해요. 자 그러면 이 두 가족문화권에서 자라나는 아이들의 퍼스낼리티는 어떨까요? 다르겠지요? 이렇게 하나의 가족은 그 가족만의 독자적인 문화체계가 있고 그 안에서 아이의 사회화가 진행이 됩니다. 그 다음으로 사회화가 일어나는 건 동료집단이라고 할 수 있어요. 아이들이 처음에는 가정이라는 울타리에서만 있다가 이제 슬슬 놀이터도 나가고 놀이방도 가고 하면서 친구를 만나게 되잖아요. 지금까지 엄마, 아빠 가족하고만 관계를 맺고 그 역할에 익숙했던 아이들이 또래하고 만나게 되면서 새로운 세계를 경험하게 되는 거죠. 아이들은 자기들끼리 만든 놀이를 하면서 또 서로 먼저 미끄럼을 타겠다고 싸우면서 울고 웃고 지금까지와는 다른 세계, 다른 관계를 경험하게 되지요. 이렇게 부모와 인격적인 관계를 맺었던 아이는 동료집단을 통해 새로운 행동체계와 문화체계를 경험하게 됩니다. 사회화의 장이 확대되는 거죠. 이 집단이 가정보다 더 자기한테 중요해지거나 영향력이 더 커지면 그리고 가정하고 충돌하게 되면 어때요? 그 땐 가출이란 것도 막 하잖아요. 자기들끼리 어울려 다니는 청소년들을 길에서 볼 때 왜 집을 나왔을 것 같은 느낌을 주는 아이들도 있잖아요. 이렇게 동료집단은 또 하나의 사회화의 장이 되는 거죠. 세 번째로 사회화에 중요한 역할을 담당하는 기관을 말한다면 그것은 학교입니다. 아이들이 부모 말은 잘 안 듣지만 학교에서 선생님 말은 잘 듣는다는 소리를 많이 들을 수 있지요? 집에서 하는 행동하고 학교에서 하는 거 하고 다르다는 이야기도 듣잖아요. 이건 아이들의 또 다른 사회화가 이루어지고 있다는 소리예요. 학교제도는 가장 체계적으로 또 강도 높게 사회의 문화를 학생들에게 전달하는 공식적 조직체라고 할 수 있습니다. 물론 사회화에서도 학생들마다 개인차가 있겠지요.

자 이렇게 가정하고 동료집단, 그리고 학교가 사회화에 중요한 역할을 담당하한다고 말했는데, 또 하나 가치관이나 행동양식에 큰 영향을 미치는 곳이 있어요. 그게 바로 매스컴입니다. 방송이나 신문의 역할은 요즘 생활에서는 거의 절대적이죠? 특히 인터넷이라는 이 실시간 소통 매체는 얼마나 빨리 정보와 의견을 교환하게 해 줘요? 이것이 바로 사람들의 의식구조와 가치관 형성에 엄청난 영향을 미치는 거죠. 이렇게 인간은 태어나서 자라면서 가정이나 동료집단, 학교 그리고 매스컴과 같은 것들을 통해서 사회화 과정을 밟게 됩니다. 그런데 여기서 주의할 점은 이 사회화 과정들이 서로 별개로 떨어져 있는 것이 아니라 동시적이면서 포괄적이라는 거예요. 단계별로, 가정에서 다음에는 동료 그 다음은 학교에서 뭐 이런 식으로 딱딱 이루어지는 것은 아니란 말이죠. 사회화는 여러 환경에서 동시에 일어날 수 있어요. 이렇게 인간은 여러 가지 환경의 장을 접해 가면서 사회화되고 내면적으로 가치와 문화체계를 완성해 간다고 보겠습니다.

듣기 지문

강의 듣기 2

[어휘]

02-09 ~ 15

1. 우리는 가치지향적인 태도로 행동을 하게 된다.
2. 행동 요인의 예를 들자면 경쟁, 공격, 협동, 모방과 같은 요인들을 들 수 있다.
3. 행동 방식이 다른 것은 문화적 차이에서 비롯된다.
4. 그 사람이 속한 사회의 구조가 그 사람의 사회 행동에 영향을 준다.
5. 이 사회에서 어떤 계층인가에 따라서 주어진 역할이 다를 수 있다.
6. 소속된 집단의 역할에 따라 사회적 행동체계도 달라진다.
7. 연령에 따라 주어지는 역할이 다르다.

1.

02-16

자 그래서 이제 사회행동에 대해 알게 됐지요? 사회행동은 뭐라고 했지요? 네, 사회학적 행동이라고도 한다, 그리고 눈을 깜빡거리는 것은? 사회행동이 아니다 그렇죠. 사회행동은 신체 동작 같은 무의식적 행동은 아니고요, 아주~ 어때요? 의식적인 행동이라는 거죠. 그니깐 목적도 있고 그 안에 내가 무엇을 중요하게 생각하는지 가치도 들어 있는 거죠. 의식적이다, 목적 지향적이다, 가치 지향적이다 네, 이것이 사회행동의 특징이에요. 이제 다시 정리 안 해도 되겠죠? 그럼 이제부터 이런 사회행동에 영향을 미치는 것이 뭘까에 대해서 이야기를 해 보겠어요. 제일 먼저 들 수 있는 것은 문화겠지요, 인간의 사회행동은 그 사회의 문화와 아주 밀접한 관계를 가지고 있다고 보는 거죠. 왜 그런 거 그 사회 행동에는 그 행동을 하게 만드는 요인들이 있잖아요? 예를 들어 무슨 행동을 할 때 그것이 남하고의 경쟁 때문인지 남에 대한 모방 때문인지 행동 안에는 그 행동을 하게 만드는 요인이 있잖아요? 친구가 잠을 자지 않고 공부하는 걸 알고 나도 밤을 새워 공부하는 그런 행동은 뭐예요? 그 안에는 경쟁이라는 요인이 있는 거고요, 유명한 스타가 특이한 머리를 하고 한 번 TV에 나오면 좀 이따가 길거리에 똑같은 머리스타일을 한 사람들이 많이 보이잖아요. 그 행동에는 모방이라는 요인이 있는 거지요. 근데 이 요인들이 행동으로 나타날 때, 그 표현되는 방식에는 문화가 깔려 있단 말이죠. 행동요인들은 사실 나라마다 다를 건 없어요, 경쟁이라든가 모방이라든가 하는 거요, 근데 그것이 어떤 행동으로 표현될 때는 자기가 속한 사회의 문화에 영향을 받는다는 말씀이죠. 이 문화는 꼭 나라의 문화권을 말하는 건 아니에요. 예를 들어 싸움을 할 때, 그 싸우는 행동 방식이 남자 여자가 다르잖아요. 그것도 하나의 문화 차이에서 비롯된 거죠. 자 그 다음 또 인간의 행동에 영향을 미치는 것을 생각해 봅시다. 먼저 크게 보면, 우리가 의식하지는 않지만 내가 속한 사회의 구조도 사회행동에 영향을 주고 있어요. 자 사회의 구조가 있고 그 구조에 따라 나는 어느 계층에 속한단 말이에요, 그럼 내가 그 계층이기 때문에 하는 행동들이 있단 말이죠, 예를 들어 우리 사회가 세 가지 계층으로 나뉘어지는데 나는 그 중 제일 낮은 계층이다 그러면 정부 정책에 대해 불만이 많아서 시위를 할 수도 있고 그렇죠. 사실 그런 것을 우리가 의식하지 않아서 그렇지 분명히 있어요. 그 다음으로 사회행동에 영향을 주는 것은 뭐라고 할 수 있을까요? 그 사람의 지위도 있겠고 또 역할도 있겠지요. 예를 들어 A라는 사람은 한 사람이지만 회사에서는 사원이고, 가정에서는 가장이고, 학교에 가면 학부형이 되겠지요. 이렇게 여러 가지 서로 다른 역할을 담당하고 있어요. 그러니까 한 사람이 수행할 행동체계도 다양하게 되는 거죠. 인간은 누구나 역할 수행자라고 할 수 있어요. 어떤 조직의 한 멤버로서의 지위를 갖고 있지요. 여러분도 이 사회에서 자신의 역할이 몇 가지인지 한번 생각해 보세요. 기본적으로 흔히 말할 수 있는 역할로는 먼저 가족집단 내에서의 역할이 있겠고요, 그 다음 연령과 성에 따른 역할이 있지요. 유아라든가 청년이라든가 여자, 남자와 같은, 한국에서는 젊은 남자라면 모두 군대에 가야하는 것도 그런 측면에서 볼 수 있는 역할이지요. 그 다음으로 친구를 들 수 있어요. 친구의 경우는 어떤 종류에 속하는 친구관계인가에 따라서 역할이 달라지겠지요. 항상 이야기를 들어주는 친구도 있고, 심부름만 하는 친구의 역할도 있을 수 있지요. 또 내가 어떤 모임에 소속되어 있다면 그 모임이나 단체도 어때요? 나에게 하나의 역할을 부여합니다. 예를 들어 내가 독서회 회원이라면 회원으로서 총무라면 총무로서 하는 역할이 있잖아요. 그 다음 직업, 뭐 쉽게 알 수 있지요, 음식점 주인과 회사 부장은 그 역할이 다르잖아요. 마지막으로 국민 집단 내에서의 역할인데요, 내가 한 나라의 국민으로서 얼만큼 국가에 대한 충성심을 가지고 있느냐에 따라 역할이 달라질 수 있습니다. 일제 치하에서 독립운동을 하다가 죽은 사람도 있고, 그냥 조용히 숨죽이고 때를 기다린 사람도 있잖아요. 이렇게 한 사람의 사회적 행동 체계는 그 사회 구조나 그 사람의 지위, 역할에 따라 아주 다양하다는 것을 알 수 있습니다.

03 경제와 생활

강의 듣기 1

[어휘] 03-01 ~ 08

1. 인간의 욕망은 끝이 없는데 그것을 충족시켜줄 자원은 부족하기 때문에 경제 문제가 발생한다.
2. 물보다 다이아몬드의 가격이 비싼 것은 다이아몬드의 희소성 때문이다.
3. 생산이란 재화나 서비스를 만들어 내거나 그 가치를 증대시키는 활동을 말한다.
4. 경제 성장을 중요시하는 사람이 있는가 하면 성장에 따른 이익 분배를 중요시하는 사람도 있다.
5. 서울의 강남과 강북의 소득 격차를 줄이기 위한 정책들이 나오고 있다.
6. 최근의 웰빙 열풍으로 채식을 하는 사람이 늘어 고기 소비가 줄었다고 한다.
7. 소비활동이란 누군가가 생산한 것을 일정한 돈을 지불하고 사용하는 것이다.
8. 가장 적은 비용으로 가장 큰 이익을 얻으려는 것이 경제의 기본 원리이다.

1. 03-09

안녕하십니까? 이번 학기 경제학 개론을 맡은 김을병입니다. 자, 오늘은 첫 시간이니까 경제학이란 어떤 학문인지 잠깐 짚어보고 넘어가기로 하지요. 음, 아침에 신문 다들 보고 나왔지요? 어때요? 오늘도 경제면에 환율문제, 실업문제, 유가 상승. 뭐 이런 기사들로 꽉 차 있지 않았어요? 도대체 이런 경제 문제들이 왜 생기는 겁니까? 다들 잘 알고 있겠지만 기본적으로 인간의 욕망은 무한한데 그것을 충족시켜 줄 자원은 한정되어 있다는 데에 문제가 있는 거 아니에요? 경제학에서는 이런 것을 희소성의 원칙이라고 하는데, 모든 경제 문제는 바로 이런 자원의 부족에서 비롯된다고 할 수 있겠습니다. 자, 그렇다면 이렇게 부족한 자원을 가지고 인간의 욕망을 최대한 충족시켜 주기 위해서는 그 자원을 잘 분배해야 하는 데, 바로 그 방법을 연구하는 학문이 경제학이라고 할 수 있겠습니다. 그러니까 다시 말하면 경제학은 주어진 자원을 효율적으로 교환하고 분배하는 방법을 연구해서 인간의 삶을 풍요롭게 하는 학문이라고 정의할 수 있겠네요. 알겠습니까?

그럼 오늘은 먼저 우리의 일상생활 속에서 일어나는 가장 기본적인 경제 활동들을 좀 살펴보지요. 여기서 경제 활동이라고 하는 건 인간에게 필요한 재화와 서비스를 생산, 분배, 소비하는 인간의 모든 활동을 말하는 건데요. 여기에서는 재화를 '상품'정도로 이해하면 되겠습니다. 생산이 뭐에요? 쓸모 있는 뭔가를 만들어 내는 거 아니에요? 그런데 이게 눈에 보이는 것뿐만 아니라 가끔은 우리 눈에 보이지 않는 것도 생산이라고 하거든요. 예를 들어서요, 의사가 환자를 치료하는 것, 친구에게 이자를 받기로 하고 돈을 빌려 주는 것 이런 것도 다 생산이라고 할 수 있는 거예요. 이해가 돼요? 그렇다면 생산이라는 것을요, 생활에 필요한 뭔가를 만들어 내거나 그 가치를 증대시키는 일, 뭐 이렇게 정리해 놓도록 하지요.

자, 다음으로는 분배 활동이라는 게 있는데요, 우리가 생산 활동을 하면 그 대가로 보상을 받게 되잖아요? 물건을 만들었으면 그 물건 값을 받을 거고 의사가 진료를 했다면 치료비를 받을 거고 또 만약에 친구한테 돈을 빌려 줬다면 이자를 받겠죠. 이렇게 생산에 참여해서 그 대가를 받는 걸 분배 활동이라고 합니다. 쉽게 이해하자면 생산에 따른 소득 뭐 이 정도로 이해하면 되겠습니다.

이렇게 분배 활동을 한 후에 소득이 생기면 뭘 할까요? 여러분이 아르바이트를 했다칠 때 월급으로 받은 돈으로 뭘 하나 생각해 보세요. 필요한 물건을 사거나 어떤 서비스를 받거나 하잖아요? 이렇게 다른 누군가가 생산한 것을 내가 일정한 대가, 그러니까 보통은 돈을 지불하고 사용하는 것을 소비활동이라고 합니다. 그런데, 잘 생각해 보면 말이죠, 이렇게 분배의 결과로 생긴 돈을 다 써 버리지는 않지요? 다 써 버리는 사람도 뭐 있기는 하겠지만 미래를 위해서 어느 정도 은행에 저축을 하잖아요. 안 그래요? 이렇게 분배된 소득 중에서 소비되지 않은 부분을 저축이라고 하는데 경제학에서 말하는 저축은 은행에 맡겨진 돈만 말하는 게 아니라 소득 중 지출하지 않고 남은 부분을 모두 저축이라고 합니다. 예를 들어 주머니에 남아 있는 동전 몇 푼도 저축인데 이 저축도 결국 언젠가는 쓰게 되기 때문에 경제학에서는 궁극적으로 저축도 소비라고 볼 수 있겠습니다.

자, 지금까지 경제 활동의 기본이 되는 생산, 분배, 소비에 대해 알아보았는데요, 어때요? 이 세 가지 활동들은 우리들의 일상생활 속에서 항상 일어나는 일들 아니에요? 사실 이 세 활동은 독립적으로 이루어지는 게 아니라 서로 연결되어 있어요. 한 개인의 생활을 봐도 생산자 역할을 하는 동시에 소비자 역할도 하잖아요. 그런데, 이런 경제 활동들을 하는 데는 어떤 원칙이 하나 적용되는데, 그게 뭐냐 하면.. 가장 적은 비용을 들여 가장 큰 효과를 얻으려는 원칙이에요. 자, 생각해 봐요, 생산자의 입장에서 보면 가장 적은 비용을 들여 이익을 크게 남기고 싶을 거 아닙니까? 또 소비자 입장에서도 가장 싼 가격으로 가장 좋은 물건을 사고 싶어 할 거고요. 이걸 바로 최소비용 최대효과의 원칙이라고 하는데 경제학의 가장 기본 원리라고 볼 수 있겠습니다.

강의 듣기 2

[어휘]

03-10 ~ 15

1. 선택을 할 때는 거기에서 얻는 편익을 생각하게 된다.
2. 그 사람은 전 재산을 주식에 투자했는데 주가가 하락해 큰 손해를 입었다.
3. 경기가 좋아지면서 주식으로 큰 수익을 낸 사람이 많다고 한다.
4. 날씨가 더워지면서 아이스크림을 만드는 제과 회사의 주가가 많이 올랐다.
5. 이번 여름에 비가 오지 않아 야채 값이 폭등 했다고 한다.
6. 국가에서는 예산이 부족하여 중고등학교 무상 급식 안을 연기하기로 결정했다.

1.

03-16

앞에서 모든 경제 문제는 선택의 문제라고 했습니다. 그리고 이 선택의 문제는 자원이 한정되어 있기 때문에 생긴다고 했지요. 자원이 희소하다는 의미를 또 다른 예를 통해 생각해 봅시다. 지금 여러분 주머니에 만원이 있는데 영화도 보고 싶고 친구들과 맛있는 점심도 먹고 싶어요. 하지만 돈이 만원밖에 없으니까 하나만 골라야 하는 상황이에요. 이 순간이 바로 여러분이 소비자로서 경제 문제에 직면한 순간인 거예요. 그런데, 자원의 희소성으로 경제 문제가 발생하는 것은 생산 측면에서도 마찬가지예요, 예를 들어서, 여기 닭이 한 마리 있다고 해 봐요. 그런데 아이들은 닭볶음을 좋아하고 아버지는 삼계탕을 좋아할 경우, 닭이 두 마리 있으면야 문제가 없겠지만, 이럴 경우 어머니는 뭘 요리할지 선택해야 되지 않겠어요? 머리 아프겠죠? 이렇게 자원의 희소성 때문에 생기는 선택 문제는 생산할 때나 소비할 때 모두 일어난다고 보면 되겠어요..

자, 어찌 되었건 여러분은 한정된 자원 속에서 이렇게 항상 선택을 해야 하는데, 그 선택에는 고민이 따르기 마련이죠. 그렇다면 도대체 뭘 기준으로 어떻게 선택해야 하나, 지금부터 그 합리적인 선택 기준을 알아보기로 하죠. 우리가 뭔가를 선택할 때는 언제나 거기에서 얻는 편익을 생각하게 되는데. 편익이 뭐냐, 바로 어떤 일을 한 후 얻는 이익이라고 할 수 있어요. 그런데 이게 반드시 물질적인 것만을 의미하진 않아요. 맛있는 음식을 먹고 나서 느끼는 만족감, 사랑하는 사람과 데이트할 때 느끼는 행복감 이런 것도 다 편익이라고 할 수 있어요. 만약에 여러분이 1000원을 주고 빵을 사 먹으려고 할 경우에 그 빵이 1000원만큼의 가치를 해야 사 먹을 거 아니에요? 500원 정도의 만족만 준다면 1000원을 주고 사 먹겠냐 말이에요. 당연히 안 사 먹겠지요. 그러니까 바로 합리적인 선택이라는 건, 이렇게 비용과 편익을 따져 봤을 때 편익이 큰 쪽을 선택하는 걸 말하는 겁니다. 알겠어요?

경제학에서는 흔히 '공짜 점심은 없다' 뭐, 이런 말을 많이 쓰는데. 들어 봤지요? 이 말은 모든 편익에는 반드시 그 대가가 따른다는 뜻의 경제학 기본 원리를 말할 때 많이 쓰는 말이지요. 다시 말해서 하나를 선택하여 얻었다는 것은 다른 말로 하면 다른 것은 포기했다는 걸 의미해요. 자, 여기서 중요한 개념 하나를 짚고 넘어 갑시다. 비용에 대해서는 뭐, 누구나 잘 알고 있겠죠. 어떤 것을 사용할 때 지불해야 하는 것을 비용이라고 하잖아요? 그런데 말이죠, 앞에 '기회'라는 말이 붙으면 조금 다른 의미가 돼요. 경제학에서는요, 기회비용이라는 말을 많이 사용하는데 이 의미는 경제적 선택의 결과로 포기되는 여러 가지 가치 중에서 가장 높은 값을 말할 때 쓰는 경제학 용어인데 일상생활에서도 많이 쓰죠. 자, 이게 무슨 소리냐 하면 말이죠, 음, 자, 여러분에게 3시간이 주어졌다고 칩시다. 커피 가게에서 일하면 시간당 3천을 주고 도넛 가게에서 일하면 시간당 4천원을 준다고 해요. 그런데 여러분의 본분은 학생이니까 내일 시험을 위해 공부를 해야 한단 그 말입니다. 시험공부를 할 경우 당연히 한 푼도 못 벌지요. 이럴 경우 공부에 대한 기회비용은 얼만가요? 그러니까 공부를 선택함으로써 포기하는 돈의 가치가 얼마냐구요. 커피가게 구천 원, 도넛 가게 만 이천 원, 합이 이만 천 원인가요? 아니에요. 답은 만 이천 원입니다. 왜 그러냐면 말이에요, 어차피 시험공부를 안 한다고 해도 두 개를 동시에 선택할 수는 없잖아요. 그러니까 포기한 대안 중 더 높은 가치가 기회비용이 되는 거지요. 알겠지요?

투자에서도 이런 기회비용은 발생하는데요, 예를 들어서 어떤 사람한테 100만원이 있어요. 그 사람은 그 돈을 은행에 맡길까, 주식에 투자할까 망설이다가 은행에 맡겼는데, 이게 1년 후에 수익이 7만원밖에 안 나온 거예요. 그런데 그동안 주가가 폭등해서 1년 뒤에 50만원의 이익이 났단 말입니다. 이 경우 이 사람이 은행 예금을 선택했을 경우의 기회비용은 50만원이 되고 주식 투자에 따른 기회비용은 7만원이 되는 거예요. 그러니까 가장 큰 이익을 만들기 위해서는 기회비용이 적은 쪽을 선택 하는 것이 합리적인 선택이라고 할 수 있겠네요.

기회비용은 이렇게 작게는 한 개인의 선택에서부터 뭐 크게는 국가 예산 정책에까지 영향을 미치는 개념이니까 잘 기억해 두기 바라고요. 어, 여기서 간단한 문제 하나 내고 조금 쉬었다가 다시 합시다. 세계 최대 거부 마이크로소프트의 빌 게이츠가요, 길을 가가다가 10만원이 떨어져 있는 것을 발견했을 경우에 이 돈을 줍는 게 현명할까요? 아니면 그냥 지나치는 것이 현명할까요? 참고로 말하자면, 빌 게이츠의 재산은 1,120억 달러고 매 초당 121달러, 그러니까 한국돈으로 약 13만원 가량을 번다고 하거든요. 한번 잘 생각해 보세요.

04 영화의 이해

강의 듣기 1

[어휘]

04-01 ~ 06

1. 영화에 나오는 바다 장면은 모두 제주도에서 촬영한 것이라고 한다.
2. 영화의 장르는 SF, 코미디, 뮤지컬, 멜로, 공포 등으로 나누어질 수 있으나 실제로는 이들이 혼합 되어 있는 경우가 많다.
3. 인간은 본능적으로 사실을 그대로 표현하고자 하는 욕구가 있었는데 회화를 통해서 사실을 재현하고 기록하려고 했다.
4. 무성영화는 대사를 들을 수 없기 때문에 오히려 관객의 상상력을 더 자극할 수 있다.
5. 에디슨이 발명한 영사기는 혼자 볼 수 있는 장치였는데 반해 뤼미에르 형제가 발명한 것은 여러 사람이 함께 볼 수 있었다는 차이점이 있다.
6. 산업 혁명이후 싼 가격으로 더 많은 사람들이 상품을 이용할 수 있게 된 것과 같이 영화를 통해 예술의 대중화가 본격적으로 이루어졌다.

듣기 지문

1. 04-07

반갑습니다. 이번 학기 영화의 이해를 가르치게 될 이수정입니다. 보니까 수강을 신청한 학생이 많은 것 같은데, 어… 일단 먼저 나누어 드린 수업 계획서를 잠깐 보면서 얘기하지요. 거기를 보면, 한 학기 동안 다루게 될 수업 내용이 있는데요. 한 번 쭉 보시면 중간시험 전까지 영화의 역사에 대해 공부하고 후반부에 가서는 영화 촬영 기법 및 편집에 대해 공부를 하게 되겠습니다. 먼저 이번 주에 영화의 탄생과 초기 영화의 특징들에 대해 살펴보고, 다음 두 주에 걸쳐서 각 나라별 영화의 발달사와 장르별 특징을 보도록 하겠습니다. 아무래도 수업 시간 내에 영화를 보는 시간이 많을 텐데 수업 시간에 보는 영화들은 단순한 감상용이 아니니만큼 신경을 써서 봐 주길 바랍니다.

자, 그러면 영화가 어떻게 처음 탄생했는지 오늘 첫 강의를 시작해 보죠. 여러분, 영화 정말 좋아하지요? 요즘처럼 영화 산업이 발달한 적도 없는 것 같은데요, 왜 그렇게 영화를 많이 보는 거예요? 물론 재미있어서겠지요. 그런데 그 영화가 주는 재미라는 게 어쩌면 인류가 시작한 이래로 가지고 있던 사실을 표현하고 싶어 하는 본능과도 관계가 있을 거라는 생각을 하게 돼요. 생각해 보세요. 스페인의 알타미라 동굴에서 발견된 벽화에는 움직임이 느껴지는 동물들의 그림이 그려져 있지요. 그게 2만 년이나 3만 년 전에 그려진 거니까 인간은 처음부터 본능적으로 사실을 그대로 표현하고자 하는 욕구가 있었던 것 같아요. 그 후에도 회화를 통해 사실을 재현하고 기록하려고 했지요. 왜 옛날 귀족들이 자신의 얼굴을 그리게 한다든지 역사적인 사건을 그림으로 남겨 놓는다든지 했잖아요? 그런 게 다 그런 욕구에서 비롯된 건데 사실과 똑같을수록 역사적인 가치가 더 있었지요. 그래서 나온 게 바로 사진이에요. 그런데 사진에서도 또 부족한 점을 발견하는데 그게 뭐냐면 바로 운동감이에요. 우리는 사실 가만히 있는 경우는 별로 없잖아요. 실제로는 3차원의 세계를 살아가고 있는데 사진은 평면적이다 보니 또 뭔가 움직임을 그대로 표현하고자 하는 욕구가 생긴 거지요. 이게 바로 영화가 탄생한 배경이 되는 거예요. 책들을 보면요, 이 최초로 영화가 상영된 날을 1895년 12월 28일이라고 정확히 기록하고 있거든요? 이게 무슨 말이냐 하면 프랑스의 뤼미에르 형제가 파리의 그랑 카페에서 처음으로 관객에게 입장료를 받고 'Arrival of a train' 그러니까 '열차의 도착'이라는 영화를 상영한 날이에요. 이 영화는 소리도 없고 그냥 열차가 들어오는 것을 찍은 3분짜리 무성 영화인데 지금 보면 이걸 무슨 영화라고 하냐고 할 수도 있겠지만 당시에는 카페에 있던 손님들이 진짜 열차가 도착하는 줄 알고 도망가는 소동이 있었다고 하니까 움직임을 사실대로 보여 주었다는 데에 상당한 의미가 있는 영화라고 할 수 있겠어요. 사실 여러분이 다들 잘 알고 있다시피 이보다 이전인 1889년에 이미 미국의 발명왕 에디슨이 키네토스코프라고 하는 활동사진 영사기를 발명해서 큰 인기를 끌었어요. 그런데 에디슨이 발명한 영사기는 통 속에 돌아가는 필름을 구멍을 통해 혼자 볼 수 있게 한 장치였고 뤼미에르 형제가 1895년에 보인 시네마토그라프라는 영사기로는 여러 사람이 함께 볼 수 있었다는 점에서 지금의 극장 상영의 의미를 갖고 있어요. 그러니까 영화가 하나의 상품으로 시작되었다는 점에서 이 영화를 최초의 영화라고 볼 수 있어요. 이런 영화의 탄생은 어떤 의미가 있냐면 말이죠, 예술의 대중화가 본격적으로 이루어졌다는 거예요. 생각해 보세요. 그 전의 회화 작품은 굉장히 부르주아적인 예술이었어요. 작가의 오리지널 작품은 이 세상에 딱 하나밖에 존재하지 않지요. 그런데 이 영화라는 것은 오리지널 필름이라고 해서 더 가치가 있는 것은 아니잖아요. 산업 혁명 이후 기계가 상품을 만들게 되면서 그 가격이 싸지고 많은 사람들이 그 상품을 사용할 수 있게 된 것과 마찬가지로 영화의 탄생으로 이제는 예술을 대중들이 싼 값으로 즐길 수 있게 된 거예요. 일하느라고 지친 노동자들이 단 돈 5센트로 영화를 볼 수 있는 극장이 생겨난 것도 영화 예술을 통한 예술의 대중화를 보여 주고 있는 예라고 할 수 있지요.

강의 듣기 2

[어휘] 04-08 ~ 14

1. 초기의 영화는 대부분 피사체를 고정시켜 놓고 카메라로 그냥 찍었다.
2. 최초의 영화는 사실을 그대로 기록했는데 오늘날의 다큐멘터리나 기록 영화가 이런 기법의 영향을 받았다고 볼 수 있다.

3. 멜리에스는 특수 효과를 이용해 동화나 꿈같은 환상적인 영화를 만들어 냈다.
4. 그 영화는 한 과학자가 로켓을 고안해서 만들고 탐험가가 그것을 타고 공중으로 발사되는 내용이다.
5. 3D 영화는 입체적인 영상으로 관객들이 영화의 주인공과 함께 화면 속에 있는 착각을 일으키게 한다.
6. 편집 기술의 발달로 영화에 긴장감이 더해지면서 훨씬 재미있게 되었다.
7. 최초로 158분이나 되는 긴 장편영화를 찍은 사람은 미국의 그리피스 감독이다.

1. 01-15

자, 일반적으로 최초의 영화라고 알려진 뤼미에르 형제의 '열차의 도착'이라는 영화는요, 아까도 말했듯이 그냥 기차가 플랫폼으로 들어오는 것을 3분 동안 그대로 찍어서 보여 준 거예요. 그러니까 피사체를 고정시켜 놓고 카메라로 그대로 찍은 건데요. 뤼미에르 형제는 영화란 사실을 그대로 기록하는 것이라고 생각했어요. 이런 영화의 기법은 후에 사실주의 영화의 모태가 된다고 할 수 있겠어요. 여러분이 알고 있는 오늘날의 다큐멘터리 영화나 기록 영화가 다 이런 기법의 영향을 받은 거예요. 그런데 이 시대에 영화를 또 다른 방식으로 이해한 사람이 있었는데요, 그 사람이 바로 프랑스의 조르주 멜리에스예요. 멜리에스는 뤼미에르의 영화와는 다른 영화를 만들기 시작했는데 멜리에스의 영화는 트릭 영화가 대부분이었어요. 이 사람은 원래 마술사였거든요. 자동인형을 최초로 만든 사람이기도 한데 그러니까 당연히 그런 영향을 받아 영화도 환상적인 이야기 중심으로 만들었겠죠. 예를 들어서요, 촬영을 중단하고 인물이나 무대 모양을 막 바꾸는 거예요. 그렇게 해서 갑자기 사람이 펑하고 사라지게 만들기도 하고요, 또 영화 속에서 사람을 두 동강 나게 자르기도 하면서 변화를 시도했지요. 그러니까 영화가 '꿈의 예술'이 된 것은 바로 이 멜리에스의 공이라고도 할 수 있겠어요. 기발한 아이디어와 상상력, 또 특수효과를 이용해서 동화나 꿈같은 이야기를 영화로 재현한 사람인 거죠. 이 사람의 영화중에서 1902년에 만든 'A Trip to the Moon' 한국말로는 '달세계 여행'이라고 하는데 이 영화는 특수효과를 동원해서 만든 최초의 영화인데요. 내용은 간단해요. 사실 멜리에스에게 스토리라는 것은 그냥 관객에게 보여 줄 여러 가지 시각효과를 이어주는 끈에 불과한 것이었거든요. 이 영화도 내용은 뭐 단순한데요. 한 과학자가 로켓을 고안해 내고 탐험가가 그것을 타고 공중으로 발사돼요. 그리고는 그 로켓이 달에 착륙하고 탐험대는 로켓에서 내려서 관찰하는 것으로 이어지는 간단한 내용인데 아주 환상적인 영상을 보여 주었지요. 그러니까 보세요, 아까 뤼미에르는 영화는 현실을 기록하는 것이라고 생각한 데 반해 멜리에스는 영화는 꿈을 그리는 것이라고 한 거예요. 멜리에스의 이런 기법을 표현주의라고 부르는데 뤼미에르의 사실주의와 함께 오늘날까지도 영화를 만드는 큰 두 방향을 제시하고 있다고 할 수 있겠습니다. 그런데요, 이런 초기 영화들이 가지고 있는 한계점이 하나 있었어요. 그게 뭐냐면 마치 관객이 무대를 보는 것처럼 감독이 카메라를 고정시켜 놓고 한 장면 한 장면 찍은 거예요. 이러다 보니 아무래도 단조로울 수밖에 없었지요. 그런데 이런 영화 기법에 새로운 변화를 가지고 온 것이 바로 미국의 영화감독 에드윈 포터예요. 이 사람은 1903년에 12분짜리 '대열차 강도'라는 영화를 만들었는데 이 영화는 짧지만 지금의 영화와 가장 비슷한 형태로 만든 상업 영화라고 할 수 있어요. 이 사람이 이 영화에서 처음으로 사용한 것이 바로 편집 기술인데요, 편집이 뭐예요? 영화 필름을 자르고 붙이고 하는 기술이 아니에요? 바로 포터에서부터 이런 기술이 시작됐다는 뜻인데요, 자, 보세요, 그 전에는 카메라를 고정시켜 놓고 한 장면씩 밖에는 못 찍었잖아요. 예를 들어서 도둑이 도망가고 경찰이 쫓아가는 장면을 찍는다고 하면 관객들은 도둑이 도망가는 장면들을 다 본 후에 그 다음에 경찰이 쫓아가는 장면을 봐야하는 거지요. 그런데 편집을 하게 되면 어떻게 되냐 하면 도둑이 도망가는 장면 바로 다음에 경찰이 쫓아가고 다시 도둑이 도망가고 이렇게 연결을 시킬 수 있게 되는 거예요. 그러면 영화를 보는 관객들은 더 손에 땀을 쥐며 조마조마해 하며 보게 되지 않겠어요? 영화에 긴장감이 더해지면서 훨씬 재미있게 되는 거예요. 이런 편집 기술을 잘 활용해서 158분짜리 최초의 장편 영화를 만든 사람이 바로 미국의 그리피스 감독이에요. 이 사람은 지금까지도 영화의 아버지라고 불려지는 사람인데요, 이 사람이 1914년에 만든 'The birth of nation' 한국말로는 '국가의 탄생' 이라고 하는데, 영화를 공부하는 사람이라면 누구나 한번쯤은 봐야 할 영화의 교과서 같은 작품이에요. 그럼, 여기서 잠깐 그리피스의 영화 중 주요 장면을 보고 넘어가기로 하죠.

듣기 지문

05 르네상스의 재발견

강의 듣기 1

[어휘] 05-01 ~ 07

1. 자기들이 자의적으로 설정해 놓은 중세라는 시대를 폄하 즉, 무시하였다.
2. 최근 패션 경향은 1950년대의 히피 스타일을 되살린 자유분방한 복고풍이다.
3. 르네상스인은 중세인과의 차별성을 강조하기 위해서 고대인과 자신을 동일시했으며 그래서 임의적으로 역사를 고대, 중세, 현대로 삼분하고 고대를 동경하였다.
4. 중세 때는 하느님이 창조한 시점부터 종말까지 단일한 역사가 이어진다고 보는 단선적 세계관을 가지고 있었다.
5. 이탈리아 등 유럽 각국은 모두 자기 나라에서 르네상스가 시작됐다고 주장하면서 강한 민족주의적 풍조를 보였다.
6. 당시 굉장히 찬란했다고 알려진 고대 그리스 로마 시대를 자기들의 이상향으로 삼는 등 고대를 동경하였다.
7. 그리스 시대의 민주주의는 적게는 서너 명 많게는 수천 명의 노예가 한 사람의 시민을 위해 집 안팎에서 일을 하는 노예 제도를 기반으로 하고 있었다.

1. 05-08

중간시험 이전까지 우리는 중세 문화에 대해 알아봤습니다. 기억하세요? 중간시험 전 주에 '중세에 발달한 기독교 문화의 예 가운데 하나를 찾아 정리해 보라'는 숙제를 냈었는데 다 해 오셨나요? 오늘 강의 후반부에는 여러분이 조사해 온 내용을 조별로 발표해 보기로 하죠. 이미 공지한 바와 같이 오늘 발표로 중간시험을 대체할 거니까 다들 잘 준비하셨으리라 믿습니다. 여러분이 어떤 기독교 문화의 예들을 찾아왔을지 기대가 됩니다. 자, 그럼 이제부터 르네상스 문화에 대해 알아봅시다. 여러분, 르네상스라는 말 많이 하는데요. 르네상스 하면 뭔가 굉장히 화려하고 굉장히 좋고 보통 그렇게 들리지요? 그런데 그 어원을 찾아보면 꼭 그런 것만도 아니에요. 그래서 앞으로 두 주 동안은 "르네상스의 본질이 무엇인가"를 알아보겠습니다. 그럼 오늘은 르네상스를 알아보는 그 첫 시간이니까 르네상스라는 말이 왜 나오게 되었는가, 즉 르네상스의 기원부터 설명을 해야겠죠?

책을 보시면 제1장 '중세와 르네상스의 구분'이라고 그렇게 되어 있습니다. 책을 미리 읽어 왔으면 알겠지만, 르네상스 시대를 살고 있던 사람들은 자기들이 굉장히 다른 시대에 살고 있다고 믿고 싶어했고 그래서 차별성을 강조했어요. 이렇게 중세와의 차별성을 강조한 게 르네상스인의 특징이죠. 이 르네상스 때부터 사람들이 '나는 이전 사람들과는 다르다'고 하면서 시대에다 삼분법을 처음으로 집어넣기 시작한 거예요. 즉, 르네상스 이전에는 '고대, 중세, 현대' 이렇게 안 봤습니다. 기독교가 사회 전반을 장악했던 중세 때는 신이 창조한 시점부터 종말까지 세계가 단선적으로 진행된다고 본 거지요. 그러니까 내가 살고 있는 이 시대와 아름다웠던 옛날의 그 사이에 있는, 이 중세에 대한 역사적 시간 개념을 처음으로 사용을 하기 시작한 건 15세깁니다.

자 그럼 보겠습니다. 르네상스. 이 르네상스라는 말을 도대체 누가 만들었느냐. 조르지오 바사리라는 사람이 처음 썼어요. 이 사람은 화간데 자기와 같은 시대에 살고 있는 뛰어난 거장 예술가들에 대한 전기를 모아서 『예술가 열전』이라는 걸 썼습니다. 이 책에서 '레나시타'라는 말로, "요새 예술 경향을 보니 복고풍이야"라고 설명을 한 거지요. 이 '재생, 부활'이라는 뜻을 가진 '레나시타'라는 개념이 르네상스가 된 겁니다.

자 그래서 책에 57쪽 밑에 보시면 '고대 세계의 동경' 보이시죠? 이 부분 밑줄을 치셔야 합니다. 르네상스인이 가진 가장 큰 특징이죠. 여기서 고대 세계는 고대 그리스하고 로맙니다. 왜 고대 세계를 동경을 했냐면, 중세라고 해서 자기들이 임의적으로 설정해 놓은 시대를 폄하하려니까 자신과 동일시할 수밖에 없었던 게 바로 고댑니다. '난 정말 고대와도 다르고 중세와도 달라' 이렇게 말할 수 있으면 좋은데 자기 시대만의 특징을 독창적으로 설명하기 어려우니까, 당시 굉장히 찬란했다고 알려진 고대 그리스 로마 시대를 이상향으로 설정한 겁니다.

이 고대 그리스 시대에서 도입한 개념 중의 하나가 민주주의거든요 이게. 근데 우리가 지금 알고 있는 민주주의완 너무 다른 거예요. 거기는 몇몇 시민이 직업으로 정치를 했어요. 정치를 하러 가서 투표를 하면 그 일당이 나와요. 그니까 투표하는 게 직업이었던 셈이지요. 그럼 사회는 어떻게 돌아가느냐? 노예들이 관공서의 업무나 선생님 일까지 다 했어요. 고대 그리스 시대에는 이런 노예 제도를 기반으로 한 소수가, 하루 종일 가 가지고는 정치 얘기 듣고, 투표하고 그리고 집에 갈 때 일당을 받아갔던 겁니다.

자 그 다음에 보면 민족주의적인 풍조라고 쓰여 있습니다. 이 말은 뭐냐면 이탈리아는 이탈리아대로 '르네상스는 우리나라에서 시작한 거야, 우리나라만의 고유한 현상이야'라고 하고, 프랑스는 프랑스대로, 독일은 독일대로 '진짜 르네상스는 우리나라에 있었지'라고 말하면서 자기들 간에 서로 마구 싸우는 현상이 일어났습니다. 그래서 임의로 갖다 붙인 개념인 이 르네상스가 진짜 존재한 시기가 돼버린 거예요. 그니까 르네상스는 어떤 시기에 붙이는 별명처럼 '아 그때는 이런 분위기가 있었지' 이거일 뿐인데 너무나 다들 있었던 것처럼 얘기들을 하는 거죠. 이렇게 르네상스를 역사상에 반드시 있었던 것처럼 얘기하는 바람에 르네상스라는 시기가 유럽의 역사에 실재했고 그 르네상스가 없었던 한국 역사는 왠지 불행해 보이고, 그 르네상스에 해당하는 시기가 한국사에서 언제인지를 연구하는 분위기가 생기고 그러는 거죠. 자, 여러분 여기서부터는 제가 다음 시간에 그림을 보면서 설명을 해도 별로 문제가 없을 것 같으니까 지금부터 15분 간 휴식 시간을 갖기로 하겠습니다. 돌아오시면 여러분이 조별로 준비한 내용을 같이 보면서 중세 문화에 대해 복습하는 시간을 갖기로 합시다.

강의 듣기 2

[어휘]

05-09 ~ 15

1. 물건을 사고파는 사람들이 모여 시장을 만들었고 이 시장을 중심으로 도시가 형성되기 시작하였다.
2. 자신의 경작지에서 수확한 것만 먹고 살았던 자급자족하는 농경 생활이 중세 때까지 계속되었다.
3. 1000여 년간 지속되어 오던 중세가 해체되면서 도심지에서는 농업보다 상업의 비중이 더 커졌다.
4. 중세의 사회 제도는 장자가 전 재산을 상속 받는 제도여서 둘째나 셋째로 태어난 아들은 넓은 영토를 차지하기가 어려웠다.
5. 품목에 관계없이 손쉽게 물건을 사고팔기 위해, 즉 원활한 상거래를 하기 위해 화폐를 사용하게 되었다.
6. 자신이 개발한 기술에 대한 권리, 즉 지적재산권을 보호하기 위해 길드의 상공인들은 자치 규약을 만들었다.
7. 르네상스 시대에 사업으로 성공한 일부 가문은 영주로부터 도시의 자치권을 사서 시장을 열고 도시를 관리하는 등의 권리를 넘겨받기도 했다.

1.

05-16

오늘은 중세가 해체된 원인에 대해서 이야기를 해 봅시다. 중세는 왜 무너졌을까요? 가장 근본적인 이유는 농업 경제의 위기 때문입니다. 인구는 늘어나는데 더 이상 개간할 땅도 없고, 발달한 농기구도 없고. 사람들은 이 농업 경제의 위기를 어떻게 극복했을까요? 네, 특화 작물을 재배해 농업 생산력을 높이는 농업 혁명을 일으킵니다. 이렇게 특화해서 기른 농작물을 내다팔면서 시장과 도시가 만들어진 거죠. 이전에는 내가 가진 땅에다가 내가 먹을 걸 다 키우는 자급자족하는 생활을 했더랬습니다. 내가 가진 땅이 쌀 재배에 맞지 않아도 주식인 쌀만 재배하느라고 굉장히 낮은 생산성을 갖고 계속 고생을 했단 말입니다. 옆집에 사는 갑돌이네 땅은 쌀에 좋아요. 그러니까 이제 걔는 쌀만 재배하고 나는 토마토만 재배하는 거죠. 그렇게 해서 맞바꾸거나 시장에 갖다가 파는데, 시장에다 갖다 파니까 오히려 더 좋아. 우리 집에서 쌀을 직접 재배하는 거보다 사오는 게 더 싸고 품질도 좋아. 그렇게 되다 보면 내가 기르는 작물을 점점 더 시장에 내다가 팔 용으로 특화를 하게 된다는 겁니다. 이렇게 내다 팔다 보니 사고파는 과정을 간단히 하기 위해서, 즉 원활한 상거래를 위해서 당연히 화폐가 필요하게 되죠. 이렇게 도시 생활에 화폐가 도입되면서 11, 12세기에 상업이 활성화되고 이 상업을 직업으로 하는 도시민이 만들어지게 되는 겁니다.

이 도시 안에서 길드가 탄생해요. 도시가 새로 생기면 그 안에서 막 물건을 만들고 팔고 하는 일들이 생기는데 거기 나름의 규칙이 생기는 겁니다. 내가 물건을 개발해서 실컷 만들어 놓니까 어떤 놈이 와가지고는 바로 그걸 카피(copy)하고 이럴 순 없다는 거죠. 요즘 식으로 하면 상공인들이 자기들의 지적 재산권을 보호하기 위해 자치 규약을 만든 셈이죠. 이런 일을 하려면 반드시 우리에게 등록을 해야 한다. 이게 길듭니다. 이 길드에서, 타고난 귀족이 아니라 돈을 모아서 사회적 지위를 확보하는 계층이 생기게 되는 거죠. 이들이 나중에 도시의 지배층으로 성장하게 됩니다. 이들 중에 유명한 가문으로 메디치 가문이 있습니다. 이 유명한 피렌체의 가문은 약재상에서 시작했어요. 미국에 가면 '그로서리 스토어(grocery store)'라고 있잖아요. 그게 원래 약재, 이런 데서 나온 거거든요. 미국에서도 '그로서리'라고 붙여 놓고 이것저것 다 파는 것처럼 당시 피렌체의 약재상에서도 모든 걸 다 팔았어요. 길드를 통해 부를 축적한 가문은 자신들이 거주하고 있던 성의 영주를 찾아가서 돈을 많이 주고 도시의 자치권을 사버리기도 합니다.

여기다가 십자군 전쟁을 나가면서 유럽에는 더 많은 변화가 생기게 됩니다. 십자군 전쟁을 하면서 이 유럽 촌놈들이 바깥에 나가보니까 자기네들이 최곤줄 알았는데 바깥이 훨씬 더 좋더라는 거죠. 유럽인들의 시야가 확장되는 계기가 됩니다. 아랍 문화권에 싸우러 들어가 보니까 자기들은 잊고 있었던 고대 그리스 로마의 수많은 문헌을 그 아랍 사람들이 갖고 있었고, 의학 분야에서도 아랍 문화권이 훨씬 앞서있는 걸 보게 됩니다.

십자군 전쟁으로 인한 사회적 변화로는 또 뭐가 있었을까요? 봉건 귀족이 십자군 전쟁을 갔다 오면서 이제 몰락이 가속화됩니다. 귀족 자제들이 많이 죽기도 했고 살아 돌아와서도 육체적으로나 정신적으로 전쟁 후유증 때문에 예전과 같은 생활을 하지 못했던 거죠. 원래, 이 서양이 장자상속제거든요. 아버지가 영주야, 아들 셋을 뒀어. 그러면 보통 첫 번째 애한테 자기 타이틀을 물려줍니다. '너는 영주야.' 그러면 두 세 번째는 뭐가 되냐면 두 번째는 보통 성직자의 길을 택합니다. 그래서 이제 수도원에 가서 성직자가 되거나, 뭐 그렇게…. 세 번째 아들은 '아 뭐하지?' 그래서 세 번째 아들부터는 보통 그냥 기사가 됩니다. 그런데 귀족 자제는 많고 영주나 성직자가 될 수 있는 사람은 정해져 있으니까 나머지는 모두 자기를 보호해줄 만한 사람을 찾아다니는, 방랑 기사가 되는 거죠. 이들에게 땅을 빨리 줘야지 사회가 안정되는데 줄 수 있는 땅은 없고, 그래서 왕이 이들에게 십자군 전쟁을 나가게 했다고 보시면 됩니다.

이렇게 십자군 전쟁을 치르느라 고생한 유럽에 또 흑사병이라는 대재앙이 돌면서 농업 경제를 지탱할 노동력이 급감했고 그 결과 중세의 경제적 기반은 크게 흔들리게 되는 거죠. 유럽 인구의 ⅓이 죽었으니까요. 다시 말해서, 전통적인 자급자족 형태의 농업 경제가 무너지고 특화작물을 키우는 농업 혁명이 일어난 것, 길드가 형성되면서 상공인의 세력이 커진 것, 십자군 전쟁으로 귀족 계급이 몰락한 것, 그리고 흑사병이라는 대재앙으로 인구가 급감한 것, 뭐 이런 일들이 일어나면서 중세는 해체되어 갔던 겁니다.

06 법과 사회

강의 듣기 1

[어휘] 06-01 ~ 08

1. 사람들이 오랫동안 지켜온 관습은 법이 없었을 때 법의 기능을 담당하였다.
2. 사회 규범으로서 법과 관습은 개념적으로 또 체계적으로 분명히 구분되지는 않는다.
3. 실제로 법이 어떻게 적용되는지 각 사례를 통해 살펴 볼 수 있다.
4. 관습을 무시한 법은 실효성을 거두지 못하고 결국 폐기되는 경우가 있다.
5. 교통의 원활한 흐름을 위해 속도를 지키지 않았다면 그것이 정상참작의 사유가 될 수 있다.

6. 사실혼은 혼인에 준하는 일종의 특별한 관계로 본다.
7. 사실혼을 파기한 사람에게 법적 책임을 물을 수 있다.
8. 그 사람이 잘못했으니까 손해배상을 청구할 수 있다.

1. 06-09

지난 시간에 우리가 법의 규범성이나 사실성 같은 그런 일반적인 법의 성격을 이야기했죠. 잘 정리가 되었나요? 이제 처음 법이라는 세계에 발을 디디는 만큼 우리가 알고 있다고 생각하는 상식 차원의 기본 개념들도 하나하나 정리하고 짚고 넘어갈 필요가 있겠지요. 그래서 오늘도 여러분이 흔히 알고 있다고 생각하는 법과 관습의 관계, 법과 도덕의 차이 그런 것을 정리해 보려고 해요. 그 다음 제가 여러 사례를 줄 거예요. 그 경우 어떻게 해야 하는지 한번 의견을 나눠보기로 하죠. 그럼 먼저 법규범과 관습규범에 대해 이야기해 봅시다. 역사적으로 볼 때 법은 어때요? 관습에서 발달해 왔다고 볼 수 있겠는데 사실 사회규범이라는 면에서 법과 관습 그 두 가지를 개념적으로나 아니면 체계적으로 구별한다는 것이 쉬운 일은 아닙니다. 왜냐면 어느 시점에 어느 정도로 관습이 법으로 만들어졌는지 정확하게 알 수 없잖아요. 그리고 법과 관습이 함께 작용하는 경우도 많이 있죠. 그래도 독일의 법학자 짐멜이 말한 것처럼 '관습이란 것은 법과 도덕의 형태를 각각 다른 방향으로 출발시키는 미분화 상태다' 이렇게 보는 것이 일반적이지요. 이걸 다시 말하면 관습은 법과 도덕 이전에 그것을 마련하는 기틀이 되고, 그 다음에 법과 도덕으로 나누어져서 그것에 흡수되어 버리는 거란 거죠. 법이란 것이 제대로 만들어지지 않은 상태에서는 관습에 의존할 수밖에 없고 관습이 법의 기능을 담당해 왔다고 볼 수 있잖아요. 또 법을 만들 때도 그 전에 있었던 관습이 영향을 주지요. 관습을 무시하고 법을 만든다는 것은 법의 기능면이나 효용면에서 결코 바람직한 일이 아닙니다. 예를 들어서 한국에서 1980년에 제정된 가정의례에 관한 법률이 있죠? 그 때 어땠어요? 그 때까지 제사를 지낼 때 사람들이 너무 많이 지내니까 힘들고 돈도 많이 들고 그래서 2대조까지만 지내도록 법으로 정했죠. 그렇지만 사람들이 따르지 않으니까 결국 실효성을 거두지 못하고 1988년에 폐지되었잖아요. 이렇게 관습은 법에 영향을 주기도 합니다. 그리고 또 관습은 법에 포함되기도 해요. 관습법이라는 거 있죠? 그것이 성문법을 보충해 주는 효력을 갖기도 하죠.

이렇게 관습과 법의 관계를 좀 이야기해 봤는데 그럼 한번 법과 관습의 사이에서 여러분이 어떤 선택을 하는지 보도록 할까요? 자 한번 생각해 보세요. 자동차를 운전할 때 그 길은 도로 교통법상 자동차 최대 속도가 시속 60킬로미터예요. 그런데 모든 차들이 100킬로미터로 달리고 있어요. 그 때 여러분은 도로 교통법상 최대 속도가 60이니까 60킬로로 달릴 건가요? 아니면 교통의 흐름을 따라 나 역시 100킬로미터로 달릴 건가요? 그리고 법집행자 여기서는 교통경찰이 되겠죠. 그 법집행자는 이걸 단속할까요? 아니면 단속하지 않을까요? 일반적으로 어때요? 교통경찰은 교통의 흐름을 존중해서 단속을 하지 않는 경향이 있지요. 이런 것을 법적 안정성을 위해서 법적 정의를 후퇴하는 것이라고 합니다. 이것도 또 다른 법다운 자세라고 할 수 있어요. 그리고 이렇게 해서 사고가 나면 그 땐 법에 의해 처벌을 받게 되지만 그래도 정상참작 사유가 될 거예요. 어때요? 여러분 생각하고 맞았어요? 그 다음 좀 더 무거운 내용으로 가지요. 여러분 사실혼과 법률혼을 알고 있지요? 사실혼은 혼인하겠다는 의사를 가지고 동거해서 실제로는 부부로서 생활을 하고 있는데 법률이 정한 혼인신고를 하지 않은 사람들 관계죠. 그러니까 법률적으로는 혼인으로 인정하지 않는 부부관계를 의미하지요. 이 사실혼에 대해 요즘 법으로 어떻게 하는지 아세요? 이 사실혼은 법적인 혼인은 아니지만 혼인에 준하는, 일종의 특별한 관계로 봅니다. 자 그럼 한번 생각해 보세요. A라는 사람이 B라는 사람과 8년 간 사귀고 5년 정도 동거생활을 했어요. 그런데 A가 회사의 여직원 C와 바람이 난 거예요. 그래서 집을 나갔어요. 이 경우에 B는 A와 C를 상대로 위자료를 청구할 수 있을까요? 그리고 실제로는 A가 사용한 것이지만 B의 명의로 된 빚도 있어요. 그 빚은 누가 갚을 책임이 있을까요? 네, A는 부정행위에 의해 사실혼 관계를 파탄시켰기 때문에 B는 A에 대해서 사실혼 파기에 따른 손해배상을 청구할 수 있어요. 쉽게 말해서 A가 잘못해서 그 결혼생활이 깨진 거니까 B는 A한테서 돈을 받을 수 있다는 거죠. 사실혼은 법이 아니라 관습에 의한 거잖아요? 그래도 이것을 존중해서 사회보장법에서는 법적으로 인정하고 부부의 권리를 보호하고 있어요. 그래서 아까 말한 것처럼 혼인은 아니지만 혼인에 준하는 혼인과 거의 같은 관계로 보기 때문에 실제 결혼 생활을 했다면 그 결혼 생활을 망가뜨린 사람이 법적으로도 책임을 져야 하는 거죠. 그래서 손해배상을 청구할 수 있어요. 그리고 C 역시 결혼생활을 망치게 한 원인이 된 사람이잖아요. 그런 사람을 원인 제공자라고 해요. 그래서 B는 C한테도 손해배상을 청구할 수 있어요. 자, 그럼 이제부터 제가 종이를 나눠줄 거예요. 거기에 써있는 사례들을 가지고 그룹별로 모여서 법적으로 어떻게 될까? 한번 토론해 보세요. 그 다음 우리 발표를 하고 같이 이야기해 보죠.

강의 듣기 2

[어휘]

06-10 ~ 16

1. 밥과 도덕은 효력 면에서 상호 보완 관계이다.
2. 법은 도덕과 합치되어야만 법으로서 효력을 갖는다는 것이 자연법적 관점이다.
3. 아무리 사악한 법이라도 적법한 절차로 제정되었다면 법으로서 효력을 갖는다는 것이 법 실증주의적 관점이다.
4. 도덕은 덕행을 쌓는 것이다.
5. 도덕적으로는 마음속으로 부정을 저지르는 것도 부정이라고 할 수 있다.
6. 법에는 객관적으로 정해져 있는 제재의 강제성이 있다.
7. 내 행동 때문에 정신적인 충격을 받고 그 사람이 죽었을 때, 경우에 따라 살인죄가 성립 될 수 있다.

1.

06-17

이번에는 법규범과 도덕규범에 대해서 말해 봅시다. 우리가 어렸을 때부터 다뤄왔던 주제지요? 법과 도덕의 차이, 뭐 사실 이것은 생각할수록 구별하기가 어려운 점도 많이 있는데 오늘 한번 정리해 봅시다. 일단 법과 도덕의 공통점은 뭐지요? 둘 다 올바른 인간행위를 위한 규범이라고 할 수 있어요. 그 내용에서도 유사한 것이 많고 실제로 효력 면에서도 상호 보완 관계입니다. 그렇지만 뭐 다 알겠지만 법에는 도덕과 일치하는 거 예를 들면 살인죄 같은 거죠, 그런 거도 있고 교통법규처럼 도덕과 전혀 관계없는 것도 있습니다. 그럼 법과 도덕은 도대체 구별될 수 있는가 여기에는 두 가지 근본적인 관점이 있습니다. 하나는 자연법론의 관점이죠, 이게 뭐냐 하면 인간이 만드는 법은 그 바탕에 도덕이 있어야만 하고 도덕과 합치되어야만 비로소 법으로서 효력을 갖는 것이다 그런 입장이에요. 이것은 법과 도덕을 하나로 일원적인 것으로 보는 관점이죠. 다른 관점은 뭐예요? 그 유명한 말 있잖아요? 악법도 법이다. 즉, 법의 내용이 도덕에 맞지 않더라도 법은 법이라고 보는 거죠. 이것은 법 실증주의적 관점이라고 합니다. 아무리 사악한 법이라도 적법한 절차에 따라 제정되기만 하면 법으로서 효력을 가진다고 보는 거죠. 도덕과 관계없이 말이에요. 그러니까 법과 도덕을 이원적으로 구별하고 있는 거죠.

이런 두 가지 관점이 있다는 거 알아두면 되고요, 이제부터 법과 도덕은 어떻게 구별할 수 있나 한번 정리해 봅시다. 먼저 법과 도덕은 기능 내지는 영역에 있어서 구별된다고 볼 수 있습니다. 도덕이란 것은 한 마디로 덕행을 쌓는 것이죠, 그런데 법은 시민들 사이나 아니면 시민과 국가 사이에서 물질적인 거나 명예나 부담 같은 것을 공평하게 똑같이 분배하는 것을 의미하지요. 이렇게 기능면에서 다르다는 거죠. 그 다음으로는 법과 도덕은 관심 방향에서 구별할 수 있어요. 여러분 '사색에는 누구도 벌을 가할 수 없다'는 말을 들어봤나요? 이건 무슨 말이냐 하면 법은 인간의 외부로 나타난 행동에만 관계한다는 것이죠. 하지만 도덕은 어떤가요? 마음속으로 부정을 저지르는 것도 부정이라고 여기지요. 이렇게 관심 방향에서 외부 행동을 보느냐 내면을 보느냐 이런 차이가 있어요. 하지만 이것도 뭐 엄밀히 구별되는 것은 아니라고 봐요. 사실 법에서도 인간의 어떤 내면적 사항들 예를 들면 고의로 그랬다거나 선의의 행동이었다거나 하는 것을 고려하지 않는 건 아닙니다. 또 도덕에 있어서도 그것이 내 마음 속에만 있었을 때는 사실 문제로 나타나지 않죠. 근데 그것이 외부적으로 드러났을 때 도덕적으로 비난을 받잖아요. 자 세 번째로 법과 도덕은 목적 주체 다시 말하면 누구를 향한 규범인가에서 구분이 됩니다. 법은 타인을 지향한 규범이기 때문에 반드시 한 명이 아니고 둘 이상의 주체를 전제로 합니다. 사실 이 세상에 한 사람만 있다면 교통법규를 정할 필요도 없고 형법 규정도 정할 필요가 없을 겁니다. 그렇지만 도덕은 항상 자기 자신을 향한, 자기에 대한 규범이죠. 마지막으로는 뭐가 있을까요? 제재의 강제성에 있어서도 다르지요? 도덕은 위반한 경우에 뭐 양심의 가책을 느끼거나 다른 사람의 비난을 받는 정도지만 법은 어때요? 법규범을 위반하게 되면 우리는 꼼짝없이 손해에 대해 배상하거나 감옥에 가거나 하겠지요. 이렇게 객관적으로 정해져 있는 강제적 제재가 있지요. 그럼 또 한 번 문제를 풀어볼까요? 법과 도덕에 관한 문제? 자 어떤 사람이 자기가 미워하는 사람의 이름을 세 번 부르고 어떤 주문을 외우면 그 사람이 정말 죽을 것이라고 믿고 그렇게 했어요. 그럼 이 사람을 법적으로 살인죄로 처벌할 수 있나요? 없나요? 어때요? 이건 좀 쉬운가요? 네, 주문을 외우거나 기도를 해서 상대방을 죽일 수는 없죠? 그래서 살인죄로 처벌되지는 않습니다. 하지만 도덕적으로는 크게 비난을 받겠죠. 그런데요, 만약 이렇게 했는데 그 사실을 그 사람이 알고 정신적인 충격을 받아서 죽었다면 그 때는 살인죄가 성립될 수 있어요. 자, 또 다른 문제예요. 아들이나 며느리가 아버지나 어머니를 살해했다면 다른 사람을 살해한 것과 같은 벌을 받을까요? 아니면 다른 벌을 받을까요?

07 시장과 경제

강의 듣기 1

[어휘]

07-01 ~ 06

1. 생산 수단을 개인이 소유할 수 있으면 자본주의 경제 체제라고 부르고 국가나 공공단체가 가지고 있으면 사회주의 체제라고 한다.
2. 시장이란 소비자와 판매자를 연결해서 재화나 서비스를 사고 팔 수 있게 해 주는 곳이다.
3. 소비자는 가격이 쌀수록 많이 사려고 하겠지만 상품을 공급하는 사람의 입장에서는 가격이 비쌀수록 많이 팔고 싶을 것이다.
4. 노동이나 자본 같이 생산에 투입되는 요소가 거래되는 시장을 생산 요소 시장이라고 한다.
5. 마이크로소프트사에서 만드는 소프트웨어는 전 세계에서 쓰이고 있지만 그것을 판매할 권리는 마이크로소프트사가 독점하고 있다.
6. 이동 통신업의 경우 SK 텔레콤, KT, LG 텔레콤 세 업체만 경쟁하면서 가격을 조정하는, 과점 시장의 예를 보여 주고 있다.

1.

07-07

지난 시간에 배운 것을 잠깐 정리해 보면요, 우리가 경제 체제를 크게 두 가지 기준을 가지고 분류했었죠? 첫 번째로는 소유 형태에 따라, 그러니까 중요한 생산 수단을 누가 가지고 있냐에 따라서 분류했었는데 생산 수단을 개인이 소유할 수 있으면 자본주의 경제 체제, 국가가 소유하면 사회주의 체제라고 불렀죠, 또 두 번째로는 경제 문제를 어떻게 해결하느냐에 따라서 시장이 중요한 역할을 하면 시장 경제, 국가가 경제를 계획을 하고 통제하면 계획 경제라고 했어요. 기억나지요?

자, 그럼 오늘은 자본주의 체제를 가지고 있는 대부분의 나라들이 채택하고 있는 시장 경제의 원리에 대해서 알아보도록 하지요. 그런데 그 전에 시장의 종류를 먼저 알아보고 갑시다. 시장이 뭐예요? 동대문 시장, 남대문 시장 뭐 이런 게 다 시장이잖아요? 그런데 경제학에서는 시장을 뭐라고 정의하냐 하면 말이에요, 재화나 서비스 같은 것을 소비자와 판매자를 연결해서 거래가 이루어지도록 하는 곳이라고 정의하거든요? 그렇다면 눈에 보이지 않는 시장도 시장이라고 말할 수 있다는 거예요. 예를 들어 보면요, 증권 시장이라든가 노동 시장, 또 인터넷 사이트상의 사이버 시장, 이런 게 다 시장이 되는 겁니다. 그럼 지금부터 본격적으로 경제학에서 다루는 시장의 종류를 좀 알아봅시다. 먼저 시장은 거래되는 상품이 뭐냐에 따라 생산 요소 시장과 생산물 시장으로 나눌 수 있어요. 노동이나 자본 같이 생산에 들어가는 요소가 거래되는 시장을 생산 요소 시장이라고 하는데, 뭐 예를 들어 편의점의 아르바이트 모집 광고 같은 거, 이런 게 생산 요소 시장이지요. 그 다음에 생산물 시장이라고 하는 것은 최종적으로 만들어진 생산물이 거래되는 시장인데 우리가 흔히 시장이라고 하면 떠오르는 시장들이 다 이 생산물 시장이에요. 알겠어요? 이런 분류 말고 또 다른 방법으로도 시장의 종류를 나눌 수 있는데 그게 바로 경쟁 형태에 따라 나누는 거예요. 여기서는 시장을 네 가지로 분류할 수 있는데 첫 번째는 완전 경쟁 시장이에요. 파는 사람도 너무 많고 그것을 사려는 사람도 너무 많아요. 또 모든 판매자는 같은 질의 물건을 같은 가격에 팔기 때문에 생산자나 소비자가 가격을 결정하는 데 아무런 영향을 못 미치는 그런 시장인데 사실 현실적으로 이런 시장은 존재하지 않지요. 그러니까 완전 경쟁 시장은 그냥 경제학에서 경제 이론을 설명하려고 만들어 놓은 이상적인 시장이라고 할 수 있고요, 우리 주변에서 가장 많이 볼 수 있는 유형의 시장은 바로 두 번째 유형인 독점적 경쟁 시장입니다. 독점적 경쟁 시장도 완전 경쟁 시장처럼 파는 사람도 많고 소비자도 많아 경쟁이 일어나요. 그런데 다른 점은 그 상품의 질이 조금씩 다르다는 거죠. 그러니까 소비자들은 더 좋은 물건, 더 좋은 서비스를 얻으려고 경쟁하고 파는 사람의 입장에서도 단골손님을 만들기 위해 경쟁하는 시장이에요. 시장 가격도 바로 이런 경쟁 속에서 형성되게 되구요. 우리 주위에 제일 많은 시장이죠, 그렇지요? 세 번째 시장 형태는 독점 시장인데요 독점 시장은 공급자가 하나밖에 없는 시장이에요. 여러분 모두 잘 아는 마이크로소프트사가 바로 대표적인 독점 기업이지요. 이런 독점 시장에서는 누가 가격을 결정하겠어요? 바로 그 독점 기업이 가격을 결정하게 되고 소비자는 아무리 비싸도 어쩔 수 없이 그 가격에 사야겠죠. 마지막으로 과점 시장이 있어요. 과점 시장은 뭐냐 하면 앞에서 말한 독점적 경쟁 시장과 독점 시장 중간쯤이라고 이해하면 되겠어요. 파는 사람이 한 명은 아닌데 그렇다고 많지도 않아요. 우리나라 같은 경우는 이동 통신 업체의 경우 SK 텔레콤, KT, LG 텔레콤 뭐 이렇게 세 업체만 경쟁하고 있잖아요? 이렇게 몇몇 소수끼리 가격을 조정하면서 경쟁하는 시장이 과점 시장이에요. 알겠지요?

지금까지 시장의 형태와 각각의 특징을 알아 봤는데 그렇다면 이런 모든 시장 경제를 움직이는 시장의 원리가 뭘까요? 사실 시장 경제 원리는 간단합니다. 바로 '교환'과 '거래 비용의 감소'예요. 시장의 좋은 점이 뭐예요? 일단 서로 필요한 것을 교환해서 서로에게 이익을 주지요. 또 시장을 통해서 거래 비용을 줄일 수 있죠. 거래 비용이라는 건 물건을 구입하는 데 드는 비용 이외에 지불하는 비용 뭐 그런 거잖아요?. 다시 말해서 시장이 없다면 뭐 하나 사려면 그거 찾으러 여기 저기 다녀야 하고 그러려면 물건 값 이상의 돈이 들어가지요. 그러니까 간단히 말하면 시장 경제라는 것은 자유로운 교환을 통해서 서로 이익을 얻고 거래 비용을 감소시키는 원리로 성립되고 유지된다고 기억하면 되겠어요. 아시겠어요? 그러면 다음은 시장에서 가격이 어떻게 결정되는지 알아보기로 하죠.

강의 듣기 2

[어휘]

07-08 ~ 13

1. 이번 특별 행사 기간 동안 샴푸 한 개를 구입하면 하나를 더 준다고 한다.
2. 진정한 의미의 수요라는 것은 어떤 상품을 사려는 의지도 있고 실제로 살 수 있는 구매능력도 갖춘 것을 말한다.
3. 주가가 대폭락하면서 시작된 미국 경제 공황은 다른 나라로 확산 되어 전 세계적인 경제 문제를 불러 왔다.
4. 수요가 부족해 상품 재고가 쌓이고 실업이 증가했다.
5. 요즘은 대학을 졸업하고도 취직을 못한 고학력 실업자 가 증가해 심각한 사회 문제가 되고 있다.
6. 시장의 실패를 경험한 나라에서는 수요와 공급을 조절하기 위해 정부가 개입해서 가격을 통제하기 시작했다.

1.

07-14

여러분은 시장에 가서 물건 살 때 제일 먼저 물어 보는 게 뭐예요? 이거 얼마예요? 아니에요? 뭐 마음에 드는 물건이야 많겠지만 선뜻 못 사는 것도 바로 비싼 가격 때문일 건데... 그 가격이라는 게 어떻게 정해지냐 그걸 좀 알아보죠. 가격이라는 건 사실 파는 사람이 마음대로 정할 수 있어요, 안 그래요? 예를 들어 여러분이 쓰던 노트북을 시장에 가지고 가서 판다고 치면 여러분이 그냥 가격을 마음대로 붙일 수 있는 거예요. 그렇다면 당연히 좀 비싸게 팔고 싶겠지요? 하지만 어때요? 사려는 사람들이 그 노트북에 그만큼의 가치가 없다고 생각하면 그 가격에 사겠냐는 거죠. 이렇게 되면 당연히 여러분은 가격을 좀 낮춰야 되고 점점 낮추다가 어느 순간에 여러분의 노트북을 사겠다는 사람이 나타나 거래가 이루어지겠죠. 바로 이때의 가격이 시장 가격이에요. 이해됐죠?

자, 그러면 이런 현상을 경제학적으로는 어떻게 설명할 수 있을까요?

먼저 경제의 가장 기본이 되는 수요와 공급의 개념을 알아야겠네요. 뭐 다 알고 있겠지만 수요란 상품을 구입하고자 하는 욕구를 말하는 거지요? 그런데요, 사고 싶다고 해서 다 살 수 있는 건 아니잖아요? 누구나 자동차를 갖고 싶겠지만 자동차를 파는 사람 입장에서 보면 자동차를 살 수 있는 능력을 가진 사람만 소비자로 생각하지 않겠어요? 그러니까 진정한 의미의 수요라는 건 어떤 상품을 사려는 의지도 있고 실제로 살 수 있는 구매능력도 갖춘 것을 말하는 거예요. 그런데 이 수요량과 가격 사이에는 일정한 관계가 있어요. 가격이 변하면 수요량도 변하는데 가격이 높으면 수요량은 적어지고 가격이 낮으면 수요량도 많아지는 관계가 성립돼요. 이걸 수요 법칙이라고 하죠. 여기 칠판을 잠깐 보면요, 이렇게 세로축을 가격이라고 하고 가로 축을 수요량이라고 하고 재화의 가격과 수요량 사이의 관계를 그래프로 그려보면 왼쪽 위에서 오른쪽 아래로 내려가는 곡선이 그려지는데 이게 바로 수요 곡선이에요. 알겠어요? 자, 그런데 이렇게 물건을 사고자 하는 사람이 있으면 반대로 물건을 팔고자 하는 사람도 있겠지요. 이렇게 생산자가 어떤 상품을 팔려고 하는 욕구를 공급이라고 하는데 가격에 따라 소비자의 수요가 다른 것처럼 파는 사람도 가격에 따라 공급량이 달라져요. 뭐 소비자야 쌀수록 많이 사려고 하겠고 공급자는 당연히 가격이 비쌀수록 많이 파는 게 좋을테니까 공급 곡선의 모습은 이렇게 수요 곡선의 반대되는 모습을 보이겠죠. 상품의 가격이 올라가면 공급량도 많아지는 이 관계를 공급 법칙이라고 한다는 것도 알아두도록 하고요. 그러면 여기서 시장 가격이 어떻게 결정되는지 보죠. 일반적으로 경쟁 시장에서 어떤 상품의 시장 가격은 바로 이 수요와 공급이 만나는 점에서 결정되는데 수요량과 공급량이 일치해서 더 이상 변하지 않는 상태에서 결정되는 이 가격을 균형 가격, 또는 시장 가격이라고 부릅니다.

경제학의 아버지라고 잘 알려진 아담 스미스는 18세기에 이미 경제의 작동 원리를 이 시장 논리로 풀었는데요, 아담 스미스에 따르면 한 명 한 명 개인이 각자 생산 활동과 소비 활동을 하게 되는데 이런 것이 반복되다 보면 자연스럽게 수요와 공급의 법칙에 따라 시장 가격이 저절로 정해지게 된다는 거예요. 이렇게 만들어지는 가격을 '보이지 않는 손'이라고 불렀는데 이런 '보이지 않는 손'이 작용해서 정부의 간섭이 없어도 시장이 혼자 알아서 모든 문제를 해결해 준다는 거죠. 이 주장은 근대 시장 자본주의가 성립하는 데 많은 영향을 끼친 것은 틀림없지만 어때요? 현대에 들어와서는 이 시장의 '보이지 않는 손'이 모든 걸 해결해 줄 수는 없다는 예들이 여기 저기에서 많이 나타났죠. 1930년대 발생한 세계 대공황이 가장 대표적인 예인데요. 시장의 '보이지 않는 손'이 알아서 수요와 공급을 조정한다고 생각했는데 수요가 부족해 상품 재고가 쌓이고 실업자가 증가하면서 여러 나라가 시장의 실패를 경험했잖아요? 그러면서 정부의 역할이 중요하다는 것을 인식하게 됐고 수요와 공급을 조절하기 위해 정부가 개입해서 가격을 통제하기 시작한 거예요. 그러면 정부의 가격 통제 방법에 대해 조금만 자세히 얘기해 보죠.

08 교육의 이해

강의 듣기 1

[어휘] 08-01 ~ 07

1. 교육과정은 정해진 교육의 목적에 따라 교육 내용과 수업의 교육 및 학습을 종합적으로 계획한 것을 말한다.
2. 교육과정을 결정할 때 중요한 세 가지 요인은 뭘까요?

3. 특정 교과는 해당 교육과정의 핵심이 되는 내용을 담고 있다.
4. 특정한 교과가 교육과정에 포함될 때는 그 교과를 왜 선택해야 하는지에 대한 정당화가 필요하다.
5. 교과가 담고 있는 내용은 그 교과가 나타내는 세계를 얼마나 폭넓게 그리고 정확하게 나타내 주는가 즉 포괄성과 정확성이 있어야 한다.
6. 수학 과목은 특정 시기와 장소와 관계없이 언제나 변하지 않는 수리적 관계를 잘 반영해야 한다.
7. 교과마다 주어진 시간은 제한되어 있기 때문에 가장 효율적으로 그 교과가 나타내는 세계를 잘 조직해서 보여주어야 한다.

1. 08-08

그럼 이야기를 계속 해 봅시다. 아까 우리가 교육과정을 만들 때 중요한 요인들에 대해 말했는데요, 교과, 그리고 사회, 학습자 이렇게 세 가지라고 했어요. 외워 두세요. 교육과정을 결정할 때 중요한 세 가지 요인이에요. 교과, 사회, 학습자. 그럼 이제부터 하나씩 생각해 봅시다. 첫 번째로 교과, 교과가 뭐예요? 우리가 학교에서 배운 과목들이죠, 교육학에서는 교과라고 합니다. 자, 여러분이 초등학교 때부터 배운 과목들을 한 번 말해 보세요. 제일 먼저 그렇죠, 국, 영, 수, 정말 한국에서는 빠지지 않고 등장하는 과목들이죠, 순서도 언제나 국어, 영어, 수학이잖아요? 외국에서 온 학생들도 있는 것 같은데 어디 한번 이야기해 보죠, 중고등학교 때 무슨 과목들을 배웠나요? 네, 수학이요, 또 뭐요? 네, 중국어~ 그게 한국에서는 국어죠, 그래요, 그럼 이 과목들이 원래부터 배워야 하는 과목들일까요? 누가 그 과목은 배워야 한다고 정했나요? 우리는 그 과목들을 왜 배워야 할까요? 뭐 당연히 그냥 배워야 하니까 배웠죠. 그렇죠? 학교에서 중요하다고 하니까. 또 어때요? 대학 시험에 나오니까 뭐 그렇게 생각도 되지요.

자, 이제부터는 우리가 학생 입장에서 교육과정을 짜는 사람으로 한 번 입장 바꿔 생각해 봅시다. 교과는 교육과정을 짤 때 왜 중요합니까? 바로 교육과정의 핵심 되는 내용을 구성하고 있으니까 그렇습니다. 그럼 교육과정을 짤 때 우리가 아는 교과를 다 넣을까요? 그렇게 할 수도 없고 그럴 필요도 없죠. 학교교육을 받을 수 있는 시간은 제한되어 있잖아요. 그러니 교육과정 안에 모든 교과를 어떻게 다 넣겠어요? 결국 제한된 시간 안에 우리가 가르칠 것을 골라내야 하는 것입니다. 교과를 선정한단 말이죠. 그럼 어떤 교과는 넣고 어떤 교과는 빼냐 그 기준이 필요하겠지요. 왜 그 교과가 우리 교육과정에 들어가야 하느냐에 대한 정당화가 필요하단 말이에요. 그게 바로 거기 교과서에 있는 설명이에요. 중요한 두 가지 기준이 있다고 써 있지요? 한번 읽어 봅시다. '교과는 학생들을 둘러싸고 있는 세계의 실재에 대해 적절하게 설명하고 있는가. 또 교과는 교과 자체의 고유한 논리를 반영하고 있는가' 첫 번째 질문은 그 교과가 정말 보여주어야 할 것을 제대로 잘 보여주고 있냐 하는 말이죠. 뭐냐면 우리가 살아가는 데에 필요한 과학적 원리나, 수리적 관계, 역사, 문화 같은 것을 잘 보여주는 과목이냐 하는 거예요. 학생들이 살아온 경험이란 것은 사실 얼마나 좁아요? 교육이라는 것은 자기의 경험을 넘어서 이 세상을 학습해 가는 과정이잖아요. 그 여러 가지 세계를 잘 보여주고 있냔 말이죠. '적절하게 설명하고 있는가'에서 '적절하게'란 그 교과가 포괄성과 정확성을 가지고 있냐 하는 것을 의미합니다.

전통적으로 계속 내려오는 교양 교과, 예를 들면 역사나 수학 과목이 왜 옛날부터 계속 교육과정에 포함되어 있을까 한번 생각해 보죠. 그건 그 교과들이 바로 인간 경험과 자연 세계 모두를 가장 폭넓고 정확하게 설명해 주기 때문이죠. 이렇게 교과를 선정할 때는 그 교과가 자신이 나타내는 세계를 얼마나 넓게 그리고 정확하게 보여주고 있냐 하는 것이 중요합니다. 그럼 넓게 보여준다는 것은 뭘까요? 예를 들어서 과학을 가르치고 싶어요. 우리가 교육과정을 짤 때 물리학하고 자동차 정비학하고 기계공학 같은 교과가 있어요. 그럼 어떤 과목을 선택하겠어요? 먼저 물리학을 넣겠지요, 그 다음 기계공학이 될 테고, 그 다음 필요하다면 자동차 정비학을 넣겠지요. 이런 것처럼 교과를 선정할 때 얼마나 폭넓게 자신의 세계를 나타내느냐 이런 포괄성은 중요한 기준이 됩니다. 그리고 정확하게 보여주어야겠지요. 자, 역사 과목이 있어요. 이 역사 과목은 역사적인 사실을 정확하게 전달하고 해석해주어야 되겠지요. 이렇게 포괄성과 정확성이 바로 첫 번째 질문이 말하고자 하는 기준입니다. 그 다음 두 번째 질문 '교과는 교과 자체의 고유한 논리를 반영하고 있는가' 이건 교과가 논리적으로 잘 조직되어 있어야 한다는 거예요.

우리 아까 역사 과목이야기 했지요? 그 역사 과목은 사실의 시대적 배열을 논리적으로 잘 담아야 합니다. 역사적 사실에 대해 언제 그 일이 있었는지 그 다음에는 무슨 일이 있었는지 그런 시기에 대한 설명이 뒤죽박죽 이랬다 저랬다 하면 잘 배울 수 없지요. 이런 기준으로 교과들은 제한된 시간에 가장 효율적으로 자신이 나타내는 세계를 잘 조직해 보여야 해요. 그래서 폭 넓게 정확하게 자신의 세계를 논리적으로 조직해서 보여주는 교과들이 선정되는 것이고, 또 이 교과들의 학습 내용은 다른 교과로 전이될 수 있어야 하겠지요. 다시 정리하면 교과를 선정할 때 중요한 기준은 그 교과가 자신이 나타내는 세계를 포괄적이고 정확하게 설명하고 있는지, 내용 조직은 논리적인지가 되는 거죠. 다시 간단히 말하면 내용 설명의 포괄성과 정확성 그리고 내용의 논리성을 가져야 한다고 말할 수 있습니다. 그럼 이제 사회에 대해 이야기해 볼까요?

강의 듣기 2

[어휘]

08-09 ~ 15

1. 교육과정을 결정할 때 학습자들의 발달수준을 잘 반영해야 한다.
2. 교육과정을 짜기 전에 학습자 요구 분석을 실시하는 것이 좋다.
3. 학습자들이 각각 자신만의 학습 조건을 가지고 있다는 것은 개인차를 인정하는 말이다.
4. 개인마다 발달하는 것이 다르기 때문에 똑같은 교육과정을 서로 다른 학생들에게 획일적으로 적용해서는 안 된다.
5. 각 교육기관에 교육과정 선택권을 부여해야 한다.
6. 교육의 목적은 학습자 개개인의 발달을 촉진하는 것이다.
7. 많은 아이디어 중에서 학생들의 잠재적인 변화에 도움이 되는 것들만 엄선해야 한다.

1.

08-16

마지막으로 하나 남았네요. 학습자. 학습자를 고려하지 않은 교육과정이 있을까요? 사실은 학습자의 특성은 중요하지 않고 그냥 전통적으로 이 과목들을 공부하는 것이 학교다 이렇게 생각하던 시절이 역사적으로 꽤 오래 동안 계속되었습니다. 교육과정에서 학습자가 전면에 대두된 것은 20세기 발달 심리학의 영향이 컸어요. 그 전에는 학습자는 별로 중요하지 않았어요. 발달 심리학이 뭘까요? 인간의 발달 단계를 연구해 온 학문이지요? 예를 들어서 인간이 성장하면서 어떻게 달라지나 하는 발달 특징이나 발달 문제 같이 사람이 성장하면서 변하는 단계를 아주 자세히 세분해서 밝혀 온 학문이 발달 심리학이에요. 그러다 보니 사람들은 발달하는 양상이 다 다르고 뭐 좀 늦는 사람도 있고 빠른 사람도 있구나 그런 것이 밝혀졌겠지요. 그래서 교육에서도 아 학습자가 중요하구나 생각을 하게 된 거지요. 왜, 다 다르니까. 이것이 바로 개인차의 문제입니다. 학습자들 사이에는 상당히 다양한 개인차가 있지요. 개인차는 어디에서 나타납니까? 학습 속도나 학습 수준 같이 학습에 관련되어서도 나타나고 개인의 관심거리나 발달 수준, 또 적성, 인성, 동기, 뭐 이렇게 여러 면에서 개인차를 확인할 수 있어요. 그래서 '모든 학습자들은 각각 독특하고 고유한 개별화된 학습 조건을 가지고 있다' 이렇게 말할 수 있는 거죠.

그럼 교육과정은 어때야 할까요? 학습자들의 발달 수준이나 소질을 반영해야죠? 적성도 그렇고 관심, 요구, 그렇죠, 그리고 진로 이런 거를 충분히 반영해야 합니다. 그리고 과연 이 교육과정으로 교육을 받으면 학습자들이 진짜 최상의 이익을 얻을 수 있나, 교육과정이 그런 거를 잘 배려하고 있나, 이런 것을 꼭 살펴봐야 해요. 그렇게 하려면 먼저 학습자를 잘 이해해야 하지요. 그리고 학습과정에 대한 심리학적 이해도 필요하고요. 이런 이해가 있어야 교육과정의 방향이나 수준을 잘 정할 수 있다는 거지요. 중요한 것은 바로 학습자니까 그들에 맞춰 수준을 정하고 그들의 요구에 부응하는 그런 목표를 설정해야 합니다. 그래서 교육과정을 짜기 전에 학습자 요구 분석도 실시하고 그러잖아요.

그렇다면 어떤 결론에 이를 수 있을까요? 개인마다 발달하는 것이 다르니까 똑같은 교육과정을 이렇게 서로 다른 학생들에게 결코 획일적으로 적용할 수는 없단 말이죠. 근데 현실은 어때요? 여기 외국 학생들은 모르겠지만 한국에서 중고등학교를 다닌 우리는 어떤 교육을 받았어요? 한국의 중고등학교 교육과정은 획일화되어 있다고 볼 수 있죠. 여러 이유가 있을 수 있겠지만 대학 입시를 누구도 무시할 수 없잖아요? 그런 중요한 관문 앞에서 중고등학교가 하나의 준비기관이 되는 거죠. 그래서 모든 학생들에게는 똑같은 조건과 환경을 부여해야 한다는 사회적 분위기도 한 몫을 차지하고 있다고 볼 수 있어요. 요즘은 교육과정 선택권을 점점 중고등학교 교육기관에 부여해 주고 각 기관마다 특성과 다양성을 살리려는 움직임이 있지요. 뭐 어느 선까지 이루어질지 잘 모르겠지만 이러한 움직임은 저는 정말 바람직하다고 봅니다. 사실 너무 획일화되었잖아요? 교육의 목적은 학습자 개개인의 발달을 촉진하는 건데 그러면 교육과정은 개개인의 발달에 도움을 줘야하는 거잖아요? 그런 매개물의 성격을 가졌단 말이죠. 그래서 교육과정은 학생들의 잠재적인 변화에 대해서 제안을 해야 하는 거지 학생들에게 제공된 내용을 무조건 익히라고 요구만 해서는 안 되는 거죠.

그러니까 좀 정리하면 교육과정은 학생들의 여러 개인차와 집단차를 고려해서 그래서 어떻게 하는 것이 좋겠다 하는 아이디어들이 나오면 그 중에서 학생들의 발달을 도울 수 있는 것만 엄선해서 제안해 주는 거라고 봅니다. 이렇게 해서 학생들은 자기가 성장할 기회를 얻는 것이고 또 자신의 진로에 도움이 되는 걸 선택할 수 있어야 하지요. 그래서 여러 가지 다양한 교육과정이 우리 사회에서 필요하다고 저는 봅니다. 어느 학교는 외국어를 중심으로 하고 어느 학교는 과학을 중심으로 하고 뭐 어느 학교는 예술을 중심으로 하고 정말 다양한 교육과정이 필요하고 그것이 서열화되어서는 안 된다고 봐요. 어떻게 적성이 서열화될 수 있겠어요? 그렇죠? 뭐 물론 어느 고등학교가 그 분야에서 명문이 될 수는 있겠죠.

자, 이렇게 오늘 우리는 교육과정의 결정 요인 세 가지에 대해 살펴보았는데요, 다음 시간까지 교과, 사회, 학습자 이 세 가지 요인 중 하나를 선택해서 현재 한국의 교육과정에 어떤 영향을 미쳤는지를 간단하게 조사해 오세요. 대상은 중고등학교 교육과정으로 하고요, 예를 들어 교과는 현재 어떤 것들이 선정되어 있는지 이것이 적합하다고 판단되는지 뭐 이런 것을 조사하면 되겠고요, 사회의 경우는 사회적 요구에 따라 선정되거나 없어진 교과는 뭔지, 사회적 요구 때문에 학습법이라든가 교육 방향이 어떻게 변화했는지 뭐 그런거죠. 그걸 조사할 수 있겠고, 학습자의 경우는 현재 학습자의 특성에 맞는 다양한 교육과정이 있는지, 있다면 어떤 것들이 있는지 알아보면 됩니다.

09 도시의 기후

강의 듣기 1

[어휘] 09-01 ~ 07

1. 같은 기상 조건 하에서 도시 기후는 농촌 지역의 기후와 크게 다르게 나타난다.
2. 도시는 주변 지역에 비해 기온이 올라가고 운량도 많아진다.
3. 항해를 할 때는 풍향과 풍속을 살펴서 앞으로 나아가야 한다.
4. 지하에서는 햇볕이 안 들어오니까 일사량이 적어 식물이 잘 자라지 못한다.
5. 이곳은 날씨는 덥지만 습도가 높지 않고 시원한 바람이 부니까 휴양지로 적당하다.
6. 도시화가 진전될수록 대기중에 함유된 오염 물질도 증가한다.
7. 도시의 기온 분포를 나타내는 등온선은 섬의 등고선과 유사한 형태를 띤다.

1. 09-08

여러분 오늘은 도시 기후에 대하여 이야기하자고 했지요. 지난 시간까지 우리는 일반적인 기후 현상에 대해 살펴보았는데 이제 좀 더 이야기를 좁혀서 지역적인 특성에 따른 기후 현상을 살펴보는 거죠. 그리고 다음 시간엔 농촌이나 바닷가 지역 등 다른 지역의 기후 현상도 살펴 볼 거고요. 이제 여러분 오늘 이 시간 동안은 인간의 발전과 함께 발달한, 우리에게 매우 친숙한 환경인 도시의 날씨가 어떻게 다른지, 왜 그런지를 함께 생각해 보도록 합시다. 지난 시간에도 그랬던 것처럼 이번 시간에도 여러분은 그동안 그냥 우리가 당연하다고 생각하는 기후 현상이 분명한 이유가 있음을 알게 되고 그런 기후 현상의 원인을 파악하면 많은 문제를 해결할 수 있겠구나 하는 걸 알게 될 겁니다. 여러분, 우리는 과학을 공부하고 있죠? 그러니 특히 우리는 누구보다도 명확한 원인과 그에 근거한 해결에 관심을 가져야 하잖아요. 이 강의에서 여러분이 그 변덕스럽기로 유명한 기후라는 놈이 실은 분명한 원인이 있는 현상이라는 거, 그리고 그를 설명해 내는 게 꽤 재미있고 그런 설명을 위해 우리가 공부하는 거라는 거 첫 시간부터 계속 얘기했으니 여러분 이젠 다 외우죠? 아이고 또 잔소리가 길어졌네요. 자 이제 슬슬 오늘 할 얘기를 시작해 봅시다. 여러분이 갖고 계신 강의계획표 대로 갑니다. 먼저 도시 기후라는 말의 정의를 알아보고, 도시 기후의 대표적인 현상으로 알려져 있는 기온 상승, 집중 호우와 탈수 현상, 대기 오염의 순으로 살펴볼 겁니다.

자, 여러분 도시 기후란 뭘까요? 그렇죠. 도시의 기후겠죠. 그런데 이를 좀 더 정확하게 정의해야죠. 여러분 자 여기 PPT를 보시죠. 어떻게 되어 있나요? 한번 같이 읽어 볼까요? 네, 같은 기상 조건하에 있는 지역 안에서 주변 농촌의 기후와 다르게 나타나는 도시의 기후입니다. 같은 기상 조건하에 있는 지역이니까 도시 지역을 포함한 특정 지역을 관찰하고 비교하는 거죠. 우리나라의 경우에 당연히 주변 농촌 기후와 다르게 나타나는 점들을 살피게 되겠죠. 지금까지 연구한 결과에 따르면 도시화가 진전되면 일사량, 풍속, 습도 등은 자연 상태에서보다 감소하는 데 반하여 기온, 운량, 대기 중에 함유된 오염 물질 등은 증가한다고 해요. 여러분, 운량이 뭐죠? 네 구름양이죠. 여러분 이제 이런 용어는 척하면 알아야죠. 그러니까 도시는 주변 지역에 비해 기온이 올라가고 구름양도 많아지고 오염 물질도 많아진다는 거죠. 그렇다면 이런 현상이 나타나는 이유가 뭐냐? 왜 이런 현상이 나타나느냐? 거야 뭐, 도시의 시가지가 수평적 또는 수직적으로 확장하고 도시 산업이 발달하기 때문이다 그러니까 그런 기후가 나타난다고들 말하죠. 그치만 도시 기후의 양상이나 메카니즘이 그렇게 단순할 리는 없잖아요. 좀 더 정확하게, 그 뭐냐 사실에 근거해서 객관적인 파악이 필요하죠. 이게 바로 우리 과학을 공부하는 사람들 방식이잖아요.

자, 그럼 이제 첫 번째 기온 상승부터 살펴볼까요? 도시는 주변 농촌 지역보다 일반적으로 기온이 높죠. 그리고 이것을 도시 기온 또는 열섬, 네 heat island요. 열섬이라고 하죠. 여러분도 들어 본 적 있죠. 이거 도시의 기온 분포를 등온선으로 표시하니까 마치 섬의 등고선과 같은 폐곡선으로 나타나기 때문에 붙여진 이름이에요. 이 열섬은 인간에 의한 기후 변조의 상징이라고 할 수 있어요. 네, 인간 때문에 변해서 나타나는 기후 현상인 거죠. 이 열섬은 도시에서 방출되는 각종 열에너지가 도시 상공을 덮고 있는 대기를 가열하기 때문에 형성되는데요. 게다가 도시는 고층 빌딩과 도로가 차지하는 면적이 큰 게 특징이잖아요. 이 고층 빌딩과 도로들이 열을 많이 받아들이고 많이 저장할 수 있으니까 특히 야간이 되면 열섬의 더운 강도가 심화되는 거죠. 물론 이 열섬은 도시의 크기, 도시의 기능, 주변의 지형 조건 등의 영향을 받아요. 그러니까 얼마나 큰 도시인지, 그 도시에 어떤 시설이 많은지, 또 어떤 지역에 있는지에 따라 달라지죠. 재미있는 건 이 열섬은 겨울철의 맑은 날 온도가 가장 낮을 때 가장 뚜렷하게 나타난다고 해요. 왜 그렇죠? 이거 여러분 각자 생각해 오기로 합시다. 다음 시간 같이 얘기하게요. 숙제입니다.

강의 듣기 2

[어휘]

09-09 ~ 15

1. 도시는 비가 집중적으로 많이 내릴 때가 있지만 1년 간 강수량은 주변 지역보다 조금 적은 편이다.
2. 농촌의 지표면은 아주 건조한 경우에도 지하수가 지표로 올라오며 끊임없이 증발하고 있어서 바싹 마르지는 않는다.

듣기 지문

3. 옷을 살짝 적실 정도의 이슬비라서 우산을 쓰지 않고 그냥 뛰어 가기로 했다.
4. 이틀 동안 그칠 줄 모르고 쏟아지는 호우로 댐이 무너지고 산사태가 나는 등 사고가 줄을 이었다.
5. 숲이 황폐해지면 지하 토양수의 수분 함량이 적어진다.
6. 더운 여름날 길에 물을 뿌리면 시원한 것이 바로 기화열 때문이다.
7. 물이 계속 끓더니 다 증발해 버리고 한 방울도 안 남았다.

1. 09-16

이제 두 번째 도시 지역의 집중 호우와 탈수 현상에 대해 살펴볼 차례입니다. 이건 도시가 다른 지역보다 집중 호우가 잦은 편이고, 그런가하면 도시 지역의 지표면은 바싹 말라 있다는 건데요. 도시의 지붕 구조 때문에 집중 호우가 생기고요, 그리고 포장된 노면 때문에 탈수 현상이 생기는 건데요. 이것은 물과 관계가 있으니 기후에서는 비, 즉 강수량, 그리고 빗물의 흐름과 관계가 있겠죠.

사실 강수량은 공간적으로나 시간적으로 변동성이 크니까 도시 지역의 강수 현상을 과학적으로 파악하기가 쉽지 않아요. 그러나 서울과 주변의 소도시, 뭐 수원이나 양평 같은 지역을 비교해 볼 순 있죠. 그래서 비교를 해 봤더니 1년 강수량은 서울이 주변보다 조금 적었고요. 그에 비해 이슬비가 내리는 빈도는 현저히 많았고 집중호우도 잦은 편이었어요. 이런 결과는 일본 동경의 경우와 같았는데요. 이렇게 집중 호우가 내리는 날이 많은 건 도시의 열섬이 도시 내에 적운을 발달시켜서, 그러니까 도시의 더위 때문에 구름양이 많아진다는 거죠. 아까 수업 시작할 때 왜 우리 운량 얘기했잖아요. 그래서 비가 많이 내리게 되는 거죠.

물론 이런 집중호우 현상의 직접적인 원인은 강수량보다는 방금 전에 말했듯이 도시 구조 때문이에요. 이것은 집중 호우 현상과 밀접한 관계가 있어요. 도시의 시가지를 상공에서 내려다보면 지붕들이 서로 잇닿아 있어서 이 지붕들이 제2의 지표면을 이루고요. 이렇게 모여 있는 지붕들은 길에 의해서 블록으로 나뉘어 있거든요. 당연히 도시에서 빗물이 닿는 면적은 적겠죠. 그러니 단위면적당 강수량은 커지겠고요. 좀 구체적으로 도시 건물의 비율에 따른 비의 양을 생각해 보죠. 만일 50%의 건폐율, 즉 전체의 50%가 건물인 도시에서 60mm의 비가 내렸다면 비가 닿는 지면은 50%밖에 안 되잖아요. 그러니까 지면에 닿는 비의 양은 2배, 120mm의 호우가 되어 버리고요, 만일 90%의 건폐율, 조밀하게 건물이 들어 선 지역이라면 20mm의 적은 비라 할지라도 거의 200mm의 집중 호우에 상당하는 비가 될 수 있다는 거죠.

그리고 또한 도시의 도로가 포장되어 있어서 탈수 현상이 생기는데요. 포장된 도로에서는 빗물이 땅 속으로 스미지 못하잖아요. 그러니까 시가지에 내린 빗물은 받아서 저장하지 않는 한 곧 도시 밖으로 다 흘러나가 버리는 거죠. 그러니 어떻게 되겠어요? 비가 그치면 도시는 곧 바싹 마르게 되는 거죠. 그러니까 도시에 상하수도의 물이 없다면 도시는 완전한 탈수 상태에 빠지게 되는 거예요. 여러분 생각해 봅시다. 농촌에서는 어떤지도. 그걸 알면 도시의 이런 상태를 쉽게 이해할 수 있을 테니까요.

농촌의 지표면은 아주 건조한 경우에도 토양수와 지하수가 모세관 현상으로 지표로 빨아 올려져서는 끊임없이 증발하고 있는 데다가, 그러니 지하수가 마를 정도의 심각한 가뭄 때가 아니라면 아주 바싹 마를 수가 있겠어요? 거기다가 사방 지천에 널려 있는 식물들로부터도 상당량의 증산이 항시 이루어지고 있으니 상시 기화열로 열이 소비되고 있죠. 그러나 도시에서는 어떤가요? 빗물은 곧 말끔하게 사라져 버리고, 건축물과 포장된 노면은 지표와 땅속을 단절시키니까 시가지에서는 기화열로 소비되는 열량도 현격하게 줄어들죠. 그러니 이런 상태에서 가뭄이 얼마동안 계속 되면 얼마나 더위가 심해질지는 뻔한 거죠. 거 왜 한국에서도 1985년 여름에 더위 때문에 난리가 났었잖아요. 특히 도심의 시가지나 아파트 단지에서 일사량이 그대로 누적되어서는 낮은 물론이고 밤에까지도 사막과 같이 찌는 듯한 더위를 느꼈던 거요. 여러분 어떤 상황이었는지 자세한 내용은 오늘 집에서 각자 찾아보도록 하고 다음 시간 간단히 발표해 보도록 하죠. 학기 초에 과제로 공지했었죠?

자 이제 다음은 세 번째 대기 오염 얘기로 넘어 갑시다. 시간이 얼마 안 남았네요. 이제부터는 딴 소리 말고 요점만 짚어가며 해야겠네요.

10 문학과 비평

강의 듣기 1

[어휘]

10-01 ~ 07

1. 비평을 하기 위해 책을 읽을 때에는 문학 작품을 읽고 나서 그 작품의 내용과 형식 등을 여러 가지로 꼼꼼히 살펴보는 비판적 읽기가 필요하다.
2. 17세기 말 다윈에 의해 인간이 신의 형상을 따라 창조되었다고 믿는 창조론이 흔들리게 되었다.
3. 초등학교 때는 훌륭한 위인의 일생을 그린 전기를 읽게 하는 것이 아이의 꿈을 키우는 데 좋다.
4. 한평생 어떻게 살아갔는가 하는, 작가의 생애는 어떤 식으로든 작품의 내용에 영향을 끼치게 마련이다.
5. 주관적 비평 방법의 한계를 극복하기 위해 객관적 비평 방법을 도입하였다.
6. 다윈이 진화론을 발표한 이후 인류는 패러다임의 대전환을 맞이해 사회 전반에서 새로운 가치관을 추구하게 된다.
7. 사실주의 문학자들은 현실을 낭만적으로 그리는 것은 독자를 속여 꿈꾸게 하는 것이므로 비참하더라도 현실을 있는 그대로 그려야 한다고 생각한다.

[1]

10-08

안녕하세요? 이번 학기에 문학비평론을 강의하게 된 이상진입니다. 수업계획서를 보면서 이번 학기에 뭘 배울지 한 번 같이 살펴볼까요? 중간고사 전까지 우리는, 오늘 배우는 역사 · 전기적 비평에서 페미니즘 비평까지, 현대에 많이 쓰이는 비평 방법들을 알아볼 겁니다. 그리고 중간고사 때는 시험은 없는 대신 그동안 배운 비평 방법 중에 하나를 써서 문학 작품 하나를 분석해 오시면 되겠습니다. 그걸로 중간시험을 대신할 거니까요. 그리고 중간시험이 끝나면 한국 비평의 역사를 좀 자세히 다룰 겁니다.

그러면 본격적으로 오늘 강의로 들어가 봅시다. 오늘은 제1장 역사 · 전기적 비평 방법입니다. 먼저 역사 · 전기적 비평 방법의 특징을 알아보죠. 여러분 역사 드라마 많이 보시죠? 역사 드라마는 뭘 소재로 하나요? 네, 인물입니다. 역사적으로 유명한 인물이 실제로 했던 일에다가 작가의 상상력을 좀 덧붙이는 거죠. 하지만 이미 죽은 사람이랑 같은 시대에 살아보지 않은 작가가 어떻게 리얼하게 그려낼 수 있을까요? 드라마 작가는 바로 그 인물의 전기를 참고로 해서 시나리오를 씁니다. 전기가 뭐냐면요, 한 인물이 태어나서 죽을 때까지 뭘 하고 살았는지를 적은 기록입니다. 그러면 우리가 오늘 배울 역사 · 전기적 비평 방법에서는 뭘 중요하게 생각할까요? 네, 작가의 전깁니다. 유명한 작품을 쓴 작가가 어떻게 그런 작품을 쓸 수 있었는지, 작품의 스토리가 작가 생애의 어떤 부분과 겹치는지를 보는 거죠. 연구자가 조사를 해서 알아낸 작가의 전기적 사실을 가지고 작품 해석에 적용을 한다는 게 이 역사 · 전기적 비평 방법의 가장 큰 특징이라고 할 수 있습니다. 그래서 그 작가가 언제 어디서 태어났는지, 누구랑 사귀다가 결혼을 했는지, 살아있을 때 무슨 생각을 하고 어떤 일들을 하고 살았는지 이런 것들이 다 중요합니다.

이 역사 · 전기적 비평 방법이 등장하기 전에는 인상주의 비평 방법이 유행했었어요. 인상주의 비평이 뭐냐? 그냥 독자가 작품을 읽고 느낀 대로 말 그대로 첫인상? 뭐 그런 걸 중요하게 생각하는 거죠. 그니까 작품을 해석할 때 읽는 사람의 주관적인 감상이 많이 작용을 하게 됩니다. 이런 주관을 배제하자는 비판적인 움직임에서 생겨난 게 바로 오늘 우리가 배울 역사 · 전기적 비평 방법입니다. 또 하나, 이 역사 · 전기적 비평 방법에서는 작품을 분석할 때 텍스트가 처음 발표된 원전과 그걸 만들어낸 사회와 문화의 관계를 다 고려합니다. 그 작품을 전후로 어떤 작품들이 있었는지 그 문학사적 영향 관계를 다 고려하는 거지요.

지금까지 역사 · 전기적 비평 방법이 어떤 건지 그 특징을 알아봤으니까 이제 이 비평 방법이 생겨나게 된 사상적인 배경을 좀 살펴봅시다. 19세기 들어 비평가들은 아까 말했던 그 인상주의 방법이 너무 주관적이었다는 걸 반성하고, 객관적인 자료에 근거해서 증거를 확인할 수 있는 객관적 비평 방향으로 돌아서게 됩니다. 이렇게 객관적인 방법론이 생긴 가장 큰 원인은 패러다임 자체가 바뀌었기 때문입니다. 이 패러다임이 바뀌는 데 영향을 끼친 학문은 바로 자연과학입니다. 17세기 말 이후 다윈이, 인간은 창조된 게 아니라 진화된 거라고 발표를 하고 난 이후에, 인류는 패러다임의 대전환을 맞이하게 됩니다. 아시죠? 다윈이 주장한 진화론? 우리 인간이 침팬지로부터 진화를 했다는 거잖아요. 교회가 말하는 창조론에 따라서 신의 형상대로 만들어졌다고 굳게 믿고 있던 사람들에게 진화론이라는 과학적 발견은 커다란 충격이었습니다. 이때부터 주관성이 아니라 객관성이 중요해진 겁니다. 그리고 19세기 들어 이 패러다임이 바뀌는 데 대단한 영향을 끼친 또 하나는 멘델의 유전 법칙입니다. 기억나세요? 고등학교 때 배웠죠? 멘델이라는 사람이 빨간 꽃하고 하얀 꽃을 교배해 가지구 심었더니 자식대에 빨간 꽃과 분홍 꽃과 하얀 꽃의 비율이 각각 1:2:1로 나왔다는 거. 이런 자연과학의 성과를 보면서 사람들은 사회의 모든 현상을 과학으로 설명해 내려고 하게 됩니다.

이렇게 자연과학적인 생각이 유행을 하면서, 이 당시 문학 창작 경향은, 사실주의, 그러니까 리얼리즘(realism)문학이 발달했어요. 리얼리즘 문학을 하는 작가들은 현실을 낭만적으로 그려서 독자를 속여 꿈꾸게 하지 말고 비참하고 냉혹하더라도 있는 그대로 그리자는 거죠. 또 영국에서는 바이오그래피(biography) 말하자면 작가의 일생을 소설로 쓰는 전기문학이 발달하게 됩니다.

강의 듣기 2

[어휘]

10-09 ~ 15

1. 작가의 생애에 관심을 갖기 때문에 유명한 작가일수록 누구를 좋아했고, 몇 번이나 결혼했는지 등 개인의 모든 것을 낱낱이 파헤친다.
2. 연예인의 개인적인 생활에 관심이 많은 팬들 때문에 유명 연예인들에게 비밀이 보장되는, 개인적인 사생활은 없다고 본다.
3. 작가의 전기를 연구하는 비평가들은 새로 알아낸 사실과 작품의 영향관계를 밝히기 위해 애를 쓴다.
4. 시에는 아라비아의 의상, 사라센의 비단, 배, 정거장, 열차, 여객기 같은 잡다한 이미지가 나타난다.
5. 새로 밝혀낸 자료에서 알아낸 작가의 전기적 사실이 문학작품과 어떤 상관을 가지는가를 해석하는 일이 역사·전기적 비평 방법에서는 가장 중요하다.
6. 서구 문화에 흠뻑 빠진 작가는 당시 집값에 맞먹는 가격의 피아노를 사서 연주를 할 정도였다.
7. 역사·전기적 비평 방법은 작가의 생애와 작품을 연관 짓는다는 점에서 흥미로운 연구 방법이라고 할 수 있다.

1.

10-16

그럼 인상주의 비평 방법의 주관적 한계를 극복하고 등장한 이 역사주의 비평에는 어떤 연구 방법이 있을까요? 가장 많이 하는 연구는 바이오그래피(biography), 그러니까 작가의 일생, 작가의 전기를 연구하는 작업일 겁니다. 왜 비평가들은 작가가 살아 생전에 무엇을 했는지에 관심을 가질까요? 작가의 삶과 작품이 서로 뗄래야 뗄 수 없는, 불가분의 관계에 있다고 전제를 하기 때문입니다. 작가가 생활하는 환경이 작품에 영향을 미친다고 보기 때문에 그 사람이 남긴 자료에 관심을 가지는 거죠. 그러니까 이 역사주의 비평은 실증적인 비평 방법이라고 할 수 있습니다. 그럼 뭘 알면 좋을까요? 어떤 가치관을 가졌었는지? 어느 학교를 나왔고, 얼마나 교육을 받았는지? 성적은 어땠는지? 네, 그리고 가족 관계, 친구, 선배가 누구고 후배는 누군지, 키는 큰지 작은지, 병은 없었는지, 재산은 많았는지, 또 누구를 좋아했고, 몇 번이나 결혼했는지… 태어나서 죽을 때까지, 아니 태어나기 전부터 죽은 후까지 한 사람의 거의 모든 자료가 다 중요합니다. 그래서 유명한 작가일수록, 정말 개인의 모든 것이 낱낱이 다 파헤쳐집니다. 연애 관계까지도요. 지금 광적인 팬들이 유명 연예인의 사생활에 관심을 갖는 것보다 더 심하면 심했지, 덜하지 않습니다. 그러니까 비밀이 보장되는 사생활이라곤 없는 셈이죠, 후대 연구자들 앞에서는. 이쪽을 연구하는 비평가들은 아무리 사소한 자료라도 새로 발견한 게 있으면 그 새로 알아낸 사실과 작품의 영향 관계를 밝히기 위해 무진장 애를 씁니다. 이, 생애하고 작품을 연결시켜 해석해내는 일이 이 역사 · 전기적 비평에서는 가장 중요하니깐요.

하지만 새로 알아낸 게 작품을 해석하는 데 별로 중요한 정보가 아니라면 어떨까요? 그냥 남의 말 하기 좋아하는 사람들이 심심하니까 한 사람 뒷조사를 해서 호기심을 채우는 거뿐이겠죠? 작품과 아무 관계가 없는 개인의 사생활 파헤치기, 이런 자세는 연구자로서 지양해야 할 태도입니다. 그럼 또 이런 경우를 한번 생각해 봅시다. 연구자가 자신이 새로 밝혀낸 사실에 지나치게 집착하는 바람에 오히려 작품을 객관적으로 볼 수 없다면 어떨까요? 어떤 의도를 가지고 작품에 접근할 때는 눈에 콩깍지가 쓰이는 법입니다. 이런 걸 '의도의 오류'라고 하지요. 사실 누가 뭘 했는지에 지나치게 신경을 쓰다 보면 작품 자체가 가지는 생명력이나 형식미에 대한 고찰은 소홀하기 쉽습니다. 이런 역사 · 전기적 접근 방법의 한계는 이후에 나온 형식주의 비평가들에 의해 혹독하게 비판을 당합니다.

그럼 다시 작가 연구로 돌아가서, 이 방법론을 써서 어떻게 작품을 해석할 수 있는지 예를 한번 들어 볼까요? 1930년대 조선에는 시인이면서 동시에 평론 활동도 같이 했던 김기림이라는 사람이 있었습니다. 이 사람은 신문기자를 하다가 선생님이 돼서 학생들을 가르치기도 했고 과수원을 경영하기도 했었어요. 이렇게 직업을 자주 바꾸는 걸 보면 그 사람은 어떤 사람이었을까요? 뭔가 늘 새로운 변화를 추구하는 경향이 강했다는 걸 알 수 있겠죠? 그래서 이, 새로운 변화를 적극적으로 수용하는 그의 세계관을, 그 새로운 변화에 민감한 정서를, 이 〈기상도〉라는 시에서 읽을 수 있는 거죠. 그래서, 그 나눠 드린 자료를 보시면 아시겠지만 이 사람의 시 〈기상도〉에는 아라비아의 의상, 사라센의 비단, 배, 정거장, 열차, 여객기 같은 잡다한 이미지가 많이 나타납니다. 이렇게 생애와 작품 창작 경향을 연결시켜 가면서 접근하는 게 역사 · 전기적 비평입니다. 하나 더 예를 들어 볼까요? 역시 식민지 때 소설을 썼던 이효석이라는 작가 얘깁니다. 이 사람은 1930년대에 이미 전 가족이 침대 생활을 했어요. 그리고 당시 집값에 맞먹는 피아노를 사서 연주를 했답니다. 또 책상 서랍에 버터를 넣어 두고 심심할 때마다 꺼내서 잘라 먹을 만큼 버터를 좋아했어요. 커피도 직접 집에서 퍼콜레이터로 내려서 마실 만큼 원두커피의 맛과 향을 사랑했죠. 이렇게 이효석은 서구 문화에 흠뻑 빠져 있었습니다. 이런 서구 지향적 생활 태도는 이 사람 작품에서 쉽게 읽을 수 있어요. 나눠 드린, 이효석이 쓴 수필 자료를 보면서 여러분도 이 사람의 그 이그조티시즘(exoticism), 그니까 그 외래 지향적인 경향, 그런 걸 좀 느끼셨나요? 백화점 아래층에서 커피 알을 갈아 오고, 침대와 크리스마스트리, 스키가 있는 그런 생활요. 아무튼 역사 · 전기적 비평 방법은 작가의 생애와 작품을 연관 짓는다는 점에서 흥미로운 연구 방법이라고 할 수 있습니다.

모범 답안

01 성격과 심리

[강의 듣기 1]

[어휘]

1. 자폐아 ❼ 2. 신중하 ❸ 3. 의도 ❺ 4. 과욕 ❶
5. 긍지 ❹ 6. 사회성 ❻ 7. 충돌 ❷

1.

• **성격을 안다는 것의 사회적 의미**

1. 성격을 알면 무엇이 좋은가?
1) '너 자신을 알라'(by 소크라테스?)
델파이 신전(그리스)에 쓰여 있음.
↓
국가적으로나 개인의 삶에서 중대한 결정을 해야 될 때, 신의 계시를 얻고 싶을 때 가서 기도를 하고 신탁을 받았던 곳.

※ 심리학에서 '너 자신을 알라'라는 말의 의미: 너 자신이 어떤 성격을 가진 사람인가를 알기만 한다면 네가 지금 어떻게 살아가고 있고 맞닥뜨린 문제를 어떻게 해결할 수 있는가, 앞으로 네가 어떻게 살아가게 될 것인가 하는 것까지도 알 수가 있다는 것.

∴ 성격을 얼마나 잘 아느냐에 따라서 개인의 미래가 정해짐.

2. 우리는 왜 자신과 타인의 성격을 알고 싶어 하는가?
1) 다른 사람이 나에게 기대하는 것에 나를 맞추려고 하고, 나 역시 다른 사람에게 어떤 기대를 가지고 있기 때문
예 자폐아: 사회성이 떨어짐.

2) 원만한 사회생활을 하려면 다른 사람에게 어떤 감정과 기대와 믿음과 의도가 있는지 알아야 된다.

2.

1) 우리는 자폐아와 달리 서로에게 기대가 있음을 알고 그 기대를 충족시키려고 노력하는 사회적 존재이기에 성격을 알 필요가 있다고 설명하기 위해
2) ❹
3) ❶
4) ❶ ○ ❷ × ❸ ×

[강의 듣기 2]

[어휘]

1. 충족 ❷ 2. 단서 ❺ 3. 원만한 ❹
4. 본질적 ❸ 5. 측면 ❻ 6. 파악 ❼
7. 착시 ❶

1.

※ 대상의 다양한 측면을 보는 연습을 통해 인간의 복합적인 성격을 파악하는 연습을 할 수 있음.

1. 토끼 그림 : 오리로도 볼 수 있다.

∴ 한 사람의 여러 가지 측면을 보는 데 익숙해지면 그 사람이 주는 단서들을 한꺼번에 볼 수 있다.
└ 실마리, 힌트

2. 먹물 그림 : 농촌 사람은 소를 보고 도시 사람은 개를 봄.
∴ 내가 파악한 상대방의 성격이란 내가 그 사람을 어떻게 보느냐이다. 그 사람이 실제로 어떤 사람이냐 하고는 아무 관련이 없다.
3. 괴물 그림 : 배경에 따라 달라 보임.
∴ 어떤 사람의 성격은 어떤 상황에 있느냐에 따라서, 나와의 관계가 어떠냐에 따라서 다르게도 보일 수 있다.
4. 옥상 사진 : 착시 현상?
– 이상한 것을 보면 이해할 수 있는 부분만 보고 나머지는 없는 것으로 여김.
∴ 타인의 성격을 볼 때도 자신이 보고 싶은 것만을 보려고 하므로 실제 있는 것을 그대로 보지 못한다.

2.

1) 우리는 자페아와 달리 서로에게 기대가 있음을 알고 그 기대를 충족시키려고 노력하는 사회적 존재이기 때문에 성격을 아는 것은 원만한 사회 활동을 하는 데 도움이 된다.
2) 한 사람의 성격을 파악하려면 여러 가지 측면을 함께 보는 연습을 해야 한다. 상대방의 성격이란 내가 어떤 상황과 배경에서 그 사람을 어떻게 보느냐의 문제이지, 그 사람이 실제로 어떤 사람이냐 하고는 아무 관련이 없다.
3) ㉠ — ❶
㉡ — ❸
㉢ — ❷
㉣ — ❹
4) **옥상** 사진

02 사회화과정

[강의 듣기 1]

[어휘]

1. 이념 ❹ 2. 상호작용 ❺ 3. 교섭 ❸
4. 행동양식 ❼ 5. 독자적인 ❷ 6. 강도 ❻
7. 실시간 ❶

1.

1. 사회화는 무엇인가?
어떤 집단 속에서 그 사회의 이념이나 태도를 배우면서 관계를 맺는 것이다.
2. 사회화는 언제부터 일어나나? : **태어나서부터**
3. 사회화는 어디에서 일어나나?
❶ **가정** → 사회화의 발단이 됨
– 부모로부터 행동양식을 배우고 가치관이 생긴다.
❷ **동료집단**
– 또래집단을 통해서 새로운 **행동체계**와 **문화체계**를 경험하게 된다.
❸ **학교**
– 가장 체계적으로 사회의 문화를 전달하는 공식적 조직체
❹ **매스컴**
– 사람들의 **의식구조**와 **가치관 형성**에 큰 영향을 미친다.

→ 이러한 사회화 과정은 동시적이면서 포괄적으로 일어난다.

2.

1) 인간의 사회화는 가정, 동료집단, 학교 그리고 매스컴의 영향으로 일어난다. 그런데 이 사회화 과정은 단계별로 일어나는 것이 아니라 동시적이면서 포괄적으로 일어난다.
2) ❹
3) 사회학의 의미와 성격
4) (❷) – (❺) – (❶) – (❸)– (❹)

[강의 듣기 2]

[어휘]

1. 가치 지향적인 ❸ 2.모방 ❺ 3. 비롯된다 ❹
4. 구조 ❶ 5. 계층 ❷ 6. 소속된 ❻ 7.연령 ❼

1.

※ 사회행동의 특징 ❶ **의식적이다**
❷ **목적 지향적이다**
❸ **가치 지향적이다**

1. 사회행동에 영향을 미치는 것
1) 문화
– 행동 요인이 행동으로 나타날 때 **그 표현되는 방식에는 문화가 깔려 있다.**
2) 사회의 구조 : 계층에 따라 사회 행동이 달라진다.
3) 그 사람의 지위나 역할
❶ 가족 집단 내에서의 역할
❷ **연령**과 **성**에 따른 역할
❸ **친구 관계에서의 역할**
❹ 모임이나 단체에서의 역할

모범 답안

⑤ 직업에서의 역할
⑥ 국민 집단 내에서의 역할
→ 한 사람의 사회적 행동 체계는 그 사회 구조나 그 사람의 지위, 역할에 따라 아주 다양하다.

2.

1) ❶　　2) ❶
3) 연령과 성에 따른 역할　　4) ×, ○, ×, ×

03 경제와 생활

[강의 듣기 1]

[어휘]

1. 자원 ❷　2. 희소성 ❶　3. 재화 ❸
4. 분배 ❹　5.소득❺　6. 소비 ❻
7. 지불하 ❽　8. 비용 ❼

1.

1. 경제 문제가 생기는 이유
- 인간의 욕망은 무한한데 그것을 충족시켜 줄 자원은 한정되어 있기 때문에
→ 희소성의 원칙
2. 경제학은 어떤 학문인가?
- 주어진 자원을 효율적으로 교환하고 분배하는 방법을 연구해서 인간의 삶을 풍요롭게 하는 학문
3. 기본적인 경제 활동
- 인간에게 필요한 재화와 서비스를 생산, 분배, 소비하는 인간의 모든 활동
❶ 생산 활동
- 쓸모있는 뭔가를 만들어 내거나 그 가치를 증대하는 일
❷ 분배 활동
- 생산에 참여해서 그 대가를 받는 것, 생산에 따른 소득
❸ 소비 활동
- 다른 누군가가 생산한 것을 일정한 대가를 지불하고 사용하는 것

4. 경제 활동의 원칙
- 가장 적은 비용을 들여 가장 큰 효과를 얻으려는 원칙

2.

1) 자원의 희소, 생산, 분배, 소비, 최소 비용 최대 효과
2) ❸
3) (❹) → (❷) → (❸) → (❶) → (❺)
4) ❸

[강의 듣기 2]

[어휘]

1. 편익 ❷　2. 투자 ❶　3. 수익 ❹
4. 주가 ❺　5. 폭등 ❻　6. 예산 ❸

1.

1. 모든 경제 문제는 선택의 문제
• 왜 발생하는가?
- 자원이 한정되어 있기 때문에 / 자원의 희소성 때문에
• 자원의 희소성의 다른 예
❶ 주머니 속의 만원으로 영화를 볼까? 점심을 먹을까?
- 소비자로서 경제 문제에 직면하는 예
❷ 닭 한 마리로 닭볶음을 할 것인가? 삼계탕을 할 것인가?
- 생산자로서 경제 문제에 직면하는 예
2. 합리적인 선택의 기준
비용과 편익을 따져 보아서 편익이 큰 쪽을 선택
3. "공짜 점심은 없다"는 무슨 의미?
- 모든 편익에는 반드시 그 대가가 따른다
4. 기회비용이란?
- 경제적 선택의 결과로 포기되는 여러 가지 대안의 가치 중에서 가장 높은 값
• 기회비용의 예
❶ 시험 공부를 선택함으로써 포기하는 아르바이트 월급의 가치
❷ 투자하지 않고 은행에 돈을 맡겼을 때 투자에

서 얻는 이익의 가치
5. 퀴즈
– 빌게이츠가 길을 가다가 10만원 떨어져 있는 것을 보았을 때 그 돈을 주울까?

2.

1) ❸
2) 기회비용에 대한 개념을 충분히 이해했는지 확인하기 위해서
3) ❷
4) ❶ × ❷ × ❸ ○

04 영화의 이해

[강의 듣기 1]

[어휘]

1. 촬영 ❶ 2. 장르 ❹ 3. 재현하 ❸
4. 무성영화 ❺ 5. 영사기 ❻ 6. 대중화 ❷

1.

1. 영화의 탄생
- 사실을 표현하려는 본능의 반영
예 스페인 알타미라 동굴의 벽화
회화
사진 ┌→ 영화 탄생의 배경이 됨
→ 운동감이 부족함
2. 최초의 영화
- 1895년 12월 28일 뤼미에르 형제가 파리 그랑 카페에서 처음으로 영화 열차의 도착을 상영
→ 움직임을 사실대로 보여 주었다는 데에 상당한 의미가 있음
- 1889년 에디슨이 영사기 발명(키네토스코프) : 활동사진 영사기 / 혼자 볼 수 있는 장치
- 1895년 뤼메에르 형제의 영사기(시네마토그래프) : 여러 사람이 함께 볼 수 있었음

3. 영화 탄생의 의미
→ 예술의 대중화가 본격적으로 이루어짐
- 산업 혁명 이후 : 기계가 상품을 만들게 되면서 가격이 싸져서 많은 사람이 상품을 사용할 수 있게 됨
- 싼 값으로 보는 극장이 생김 : 예술을 대중들이 싼 값으로 즐길 수 있게 됨

2.

1) 사실, 회화, 사진, 운동감, 움직임
2) ❸
3) (❶) → (❹) → (❷) → (❸)
4) (❸) → (❶) → (❷) → (❹) → (❻) → (❺)

[강의 듣기 2]

[어휘]

1. 피사체 ❸ 2. 기법 ❹ 3. 환상적 ❺
4. 고안 ❼ 5. 영상 ❶ 6. 편집 ❻
7. 장편영화 ❷

1.

1. 뤼미에르 형제
- 영화 제목 : 열차의 도착
- 내용: 기차가 플랫폼으로 들어오는 것을 3분 동안 그대로 찍은 것
- 영화란 사실을 그대로 기록하는 것이라고 생각함
→ 후에 사실주의 영화의 모태가 됨
(오늘날의 다큐멘터리 영화, 기록 영화)
2. 조르주 멜리에스
- 원래 직업이 마술사였고 자동인형을 최초로 만듦
- 영화를 환상적인 이야기 중심으로 만듦
– 영화가 '꿈의 예술'이 되게 함
– 기발한 아이디어와 상상력 + 특수 효과
- 1902년 작품 : 달세계 여행
– 특수효과를 동원해서 만든 최초의 영화
- 영화는 꿈을 그리는 것이라고 생각함

모범 답안

→ 표현 주의

※ 멜리에스 의 표현주의 / 뤼미에르 의 사실주의] 오늘날까지 영화를 만드는 큰 두 방향 제시

※ 초기 영화의 한계점

단조로움

3. 에드윈 포터

- 1902년 12분짜리 영화 대열차 강도를 만듦
  - 지금의 영화와 가장 비슷한 형태로 만든 상업 영화
  - 편집 기술을 처음으로 사용
    - └, 필름을 자르고 붙이는 기술

      영화에 긴장감을 주어 훨씬 재미있어짐

4. 그리피스

- 편집 기술을 활용해서 158분짜리 최초의 장편 영화를 만듦
- 1914년 작품 : 국가의 탄생
  - └, 영화의 교과서 같은 작품

2.

1)

달세계 여행 ●	● 기발한 아이디어와 상상력으로 영화가 꿈의 예술이라는 것을 보여 주었다
열차의 도착 ●	● 최초의 영화이며 다큐멘터리 영화나 기록 영화의 모태가 되었다.
국가의 탄생 ●	● 최초의 장편 영화로 영화를 공부하는 학생의 교과서와 같은 영화이다.
대열차 강도 ●	● 처음으로 편집 기술을 사용하여 영화에 긴장감을 더하게 만들었다

2) ❶ ○ ❷ × ❸ ×

3) ❷

4) 영화사에서 각각 중요한 의미를 가지고 있기 때문에

05 르네상스의 재발견

[강의 듣기 1]

[어휘]

1. 폄하 ❺ 2. 복고풍 ❹ 3. 동일시 ❶
4. 단선적 ❸ 5. 민족주의 ❼ 6. 이상향 ❷
7. 노예 ❻

1.

※ 르네상스의 기원

1. 르네상스인의 특징

1) 중세와의 차별성 강조, 시대에 대한 삼분법 도입

↓

의미: 시대를 '고대 – 중세 – 현대'로 나누어 봄.

cf) 중세의 세계관 : 창조 때부터 종말 때까지 단선적 세계관

※ 르네상스라는 말의 어원

↓

레나시타(부활, 재생의 뜻) from 『예술가열전』(조르지오 바사리)

2) 고대 세계의 동경 ← 중요함

↓

어디? 그리스 , 로마 ↗ 한계

└, 민주주의 : 시민 정치, 노예 제도를 기반

3) 민족주의적 풍조

이탈리아, 프랑스, 독일 등 유럽 각국이 르네상스에 대한 소유권을 주장.

2.

1)

주차	수업 내용	과제
8주	중세에 발달한 기독교 문화	(중세에 발달한 기독교 문화의 예 가운데 하나를 찾아 정리해서 발표 준비)

2) (❷) → (❶) → (❹) → (❸) → (❺)
3) ❷
4) ❶ (×) ❷ (○) ❸ (×)

[강의 듣기 2]

[어휘]

1. 형성 ❶ 2. 자급자족 ❸ 3. 해체 ❼
4. 상속 ❺ 5. 상거래 ❷ 6. 지적 재산권 ❹
7. 자치권 ❻

1.

2. 중세의 해체 원인
1) 농업 경제의 위기 ← 가장 근본적인 이유
인구 증가, 땅 부족, 더 개간할 땅도 발달된 농기구도 없었음

2) 시장과 도시의 형성
- 농업 혁명: 재배 환경에 맞는 농작물을 특화해서 시장에 판매
- 원활한 상거래를 위해 화폐가 필요해짐
- 길드의 탄생
  ↳ 도시의 지배층으로 성장 예 메디치 가문
  피렌체의 유명한 약재상 ↲

3) 십자군 전쟁
❶ 유럽인의 시야 확장
❷ 봉건 귀족계급의 몰락 가속화: 전사, 귀향 후 사회 부적응

장자상속제

장남 · · 기사
차남 · · 영주
삼남 · · 성직자

4) 흑사병의 유행
↓
유럽 인구 ⅓ 손실

2.

1) ❶ 농업 경제의 위기 ⇨ ❷ 상업 경제의 발전 ⇨ ❸ 길드의 탄생

중세를 지탱하던 농업 경제가 위기에 부닥치자 농민들이 특화 작물을 재배해 팔기 시작하면서 도시가 형성되고 상업 경제가 발전하기 시작했다. 그러면서 상공인을 중심으로 길드가 형성되었고 돈으로 사회적 지위를 확보하는 상공인 계층이 성장하였다.

2) ❶ (×) ❷ (×) ❸ (×) ❹ (○) ❺ (○)
3) (❸)
4) (❶)

06 법과 사회

[강의 듣기 1]

[어휘]

1. 관습 ❶ 2. 규범 ❸ 3. 사례 ❻
4. 폐기되는 ❷ 5. 정상참작 ❹ 6. 준하는 ❺
7. 파기한 ❽ 8. 청구할 ❼

1.

1. 법규범과 관습규범의 관계
❶ 법은 관습 에서 발달해 왔다.
※ 독일 법학자 짐멜 – 관습이란 것은 법과 도덕의 형태를 각각 다른 방향으로 출발시키는 미분화 상태다
❷ 법이 없었을 때 : 관습이 법의 기능을 담당
❸ 법을 만들 때도 관습이 영향을 준다.
→ 관습을 무시하고 법을 만들어서 실패한
예 1980년 가정의례에 관한 법률
❹ 관습은 법에 포함되기도 한다.
→ 관습법은 성문법을 보충해 줌.
2. 관습과 법의 관계에서 본 실제 법 사례
- 도로교통법에 지시된 제한속도를 지킬 것인가, 교통의 흐름을 따를 것인가.
- 사실혼에 대한 문제 : 법적인 보호를 받을 수 있나.

모범 답안

2.

1) 관습은 (**법**)이나 (**도덕**)을 준비하고 그것을 가능하게 한 다음에 법과 도덕에 (**흡수되**)는 것이다. 또한 관습은 일정 부분 (**법**)의 기능을 담당하기도 하고 (**법**) 제정에 영향을 주기도 한다.

2) ❶

3) 지난 시간 강의 내용 : **법의 성격 (규범성과 사실성)**
앞으로 이어질 강의 내용 : **사례에 대해 먼저 그룹별로 토론하고 발표를 한 후 그것에 대해 토론하는 내용**

4) (❹) – (❶) – (❸) – (❷)

[강의 듣기 2]

[어휘]

1. 효력 ❻ 2. 합치되어 ❹ 3. 사악한 ❺ 4. 덕행 ❷
5. 부정 ❸ 6. 제재 ❼ 7. 성립될 ❶

1.

1. 법규범과 도덕규범의 공통점
둘 다 올바른 인간 행위를 위한 규범이다.

2. 법과 도덕에 대한 두 가지 관점
❶ 자연법론의 관점
: 법은 도덕과 합치되어야만 법으로서 효력을 갖는다. → 법과 도덕을 일원적으로 봄.
❷ 법 실증주의적 관점
아무리 나쁜 법이라도 적법한 절차에 따라 제정되기만 하면 법으로서 효력을 가진다.

3. 법과 도덕의 차이
❶ 기능 / 영역에서의 차이
– 도덕 : **덕행을 쌓는 것** 법 : 물질적 선, 명예, 부담을 똑같이 분배하는 것
❷ 관심방향에서의 차이
– 법 : **인간의 외부로 나타난 행동에 관심** 도덕 : **인간의 내면에 관심**
❸ 목적 주체, 누구를 향한 규범인가
– 법 : **타인을 향한 규범** 도덕 : 자기 자신을 향한 규범
❹ 제재의 강제성의 차이
– 도덕 : **양심의 가책, 다른 사람의 비난** 법 : 손해배상, 감옥에 감

4. 법과 도덕에 관한 문제
❶ 다른 사람이 죽기를 바라서 주문을 외우거나 기도를 한 경우
: **살인죄가 성립되지 않고 도덕적으로만 큰 비난을 받는다.**
그러나 주문외운 후 그 사람이 정신적인 충격으로 죽음→ **살인죄 성립**
❷ **아들이나 며느리가 부모를 살해한 경우** : 다른 사람을 살해한 경우보다 더 큰 벌을 받을까? 아닐까?

2.

1) ❸

2) 사례를 통해 법과 도덕의 관계를 알기 쉽게 이해시키기 위해서

3) 관심 방향의 차이

4) ○, ○, ×, ○

[생각해 봅시다]

참고내용

우리 형법에는 존속살인죄(형법 251조)와 존속상해죄(형법 257조)가 규정되어 있어서 더 무거운 처벌을 받는다. 이러한 존속살인·상해죄에 대해 위헌이라는 견해와 합헌이라는 대립이 있으나 헌법재판소는 2002년 합헌이라고 결정하였다. 일본의 경우는 1973년에 위헌이라고 판결하였다. 이러한 존속살인, 상해죄를 적용하는 것은 윤리규범 내지는 도덕규범이 법규범화한 것으로 이해된다.

07 시장과 경제

[강의 듣기 1]

[어휘]

1. 소유 ❻ 2. 판매자 ❶ 3. 공급 ❷
4. 거래 ❸ 5. 독점 ❹ 6. 과점 ❺

1.

1. 시장의 정의
- 재화나 서비스 등을 소비자와 판매자를 연결하여 거래가 이루어지도록 하는 곳

2. 시장의 종류
❶ 상품에 따라
• 생산 요소 시장
- 노동이나 자본같이 생산에 투입되는 요소가 거래되는 시장
예 편의점의 아르바이트 모집 광고
• 생산물 시장
- 최종적으로 만들어진 생산물이 거래되는 시장
예 우리가 알고 있는 보통의 시장들
❷ 경쟁 형태에 따라
• 완전 경쟁 시장
- 파는 사람, 사는 사람 모두 많음 / 같은 질의 물건을 같은 가격에 판매
• 독점적 경쟁 시장
- 파는 사람, 사는 사람이 많아 경쟁이 있음 / 상품의 차별성
• 독점 시장
- 공급자가 하나밖에 없음
예 마이크로소프트사
• 과점 시장
- 독점적 경쟁 시장과 독점 시장의 중간
- 소수끼리 가격을 조정하며 경쟁
예 SK텔레콤, KT, LG텔레콤

3. 시장의 원리
교환을 통해서 서로 이익을 얻고 거래 비용을 감소시키는 것

2.

1) 시장의 종류는 거래되는 상품에 따라, 경쟁 형태에 따라 나누어지는데 모든 시장에는 교환과 거래비용의 감소라는 원리가 적용된다.

2) ❷

3) • 지난 시간의 강의 내용 - 경제 체제의 분류
• 이어질 강의 내용 - 시장에서 가격이 어떻게 결정되는가

4) (❸) → (❶) → (❷) → (❹) → (❻) → (❺)

[강의 듣기 2]

[어휘]

1. 구입 ❷　2. 수요 ❶　3. 공황 ❹
4. 재고 ❺　5. 실업자 ❻　6. 통제하 ❸

1.

1. 수요란?
- 상품을 구입하고자 하는 욕구

2. 수요법칙
- 가격이 높으면, 수요량이 적어지고, 가격이 낮으면, 수요량이 많아지는 법칙

3. 수요 곡선

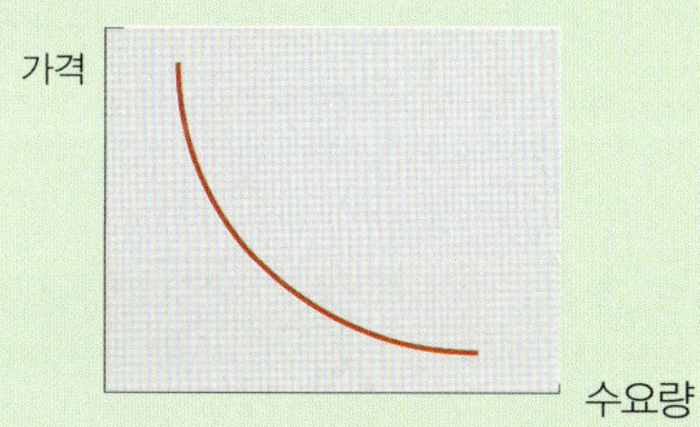

4. 공급이란?
- 어떤 상품을 팔려고 하는 욕구

5. 공급법칙
- 상품의 가격이 올라가면 공급량도 많아지는 관계

6. 공급곡선

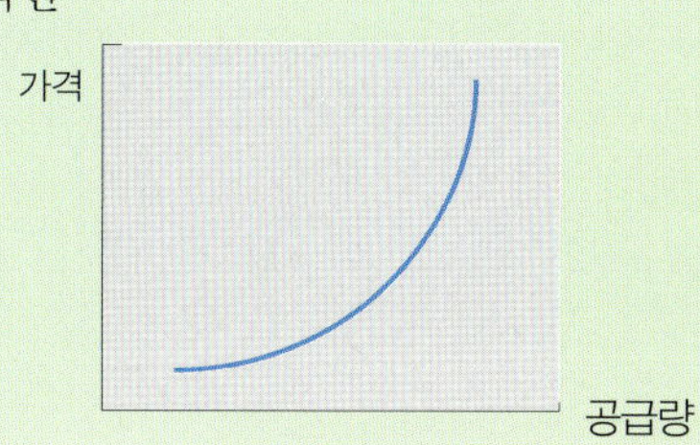

모범 답안

7. 가격의 결정 – 균형가격 (= 시장가격)

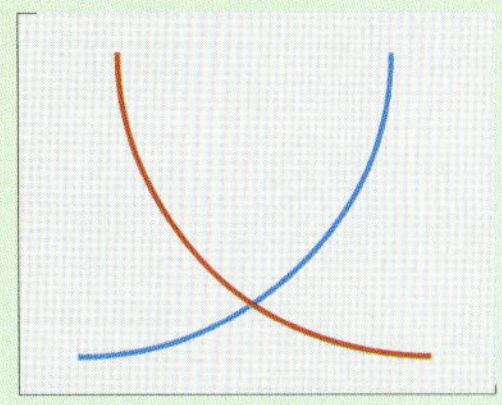

8. 아담 스미스의 시장 원리

– 수요와 공급 법칙에 따라 시장 가격이 저절로 정해진다는 원리

- 보이지 않는 손 = 시장가격

– 시장 경제의 실패 예: 1930년대 세계 대공황

2.

1) ❶ × ❷ × ❸ ○

2) ❹

3) 시장 가격이 어떻게 결정되는지 쉽게 이해시키기 위해

4) 근대 시장 자본주의가 성립하는 데 많은 영향을 끼쳤지만 시장 원리로 해결할 수 없는 경제 문제가 많아 정부의 개입이 어느 정도 필요하다.

08 교육의 이해

[강의 듣기 1]

[어휘]

1. 교육과정 ❹ 2. 요인 ❶ 3. 핵심 ❼ 4. 정당화 ❷
5. 포괄성 ❻ 6. 반영해야 ❺ 7. 효율적 ❸

1.

※ 교육과정 결정요인 세 가지 : ❶ 교과
❷ 사회
❸ 학습자

1. 교과

❶ 교과 선정 이유

학교교육을 받을 수 있는 시간은 제한되어 있기 때문에 교육과정 안에 모든 교과를 다 포함할 수는 없다.

→ 따라서 교과를 선정해야 한다

❷ 교과 선정 기준

- 교과가 나타내는 세계를 얼마나 넓게 보여주느냐 : 내용 설명의 포괄성
- 교과가 나타내는 세계를 얼마나 정확하게 보여주느냐: 내용 설명의 정확성
- 교과의 내용이 얼마나 논리적인가: 내용의 논리성

2.

1) 교과, 사회, 학습자 등 세 가지 교육과정 결정요인 중에서 교과의 경우, 선정된 교과는 그 교과가 나타내는 세계에 대한 설명의 정확성과 포괄성, 내용 조직체계의 논리성을 가져야 한다.

2) ❹

3) 지난 강의 내용 : 교육과정 결정요인 세 가지
앞으로 이어질 강의 내용: 교육과정 결정요인 중 '사회'에 대하여

4) (❹) – (❷) – (❸) – (❶) – (❺)

[강의 듣기 2]

[어휘]

1. 발달수준 ❼ 2. 요구 분석 ❺ 3. 개인차 ❸
4. 획일적 ❷ 5. 부여해야 ❶ 6. 촉진하는 ❹
7. 엄선해야 ❻

1.

3. 학습자

❶ 교육과정에서 '학습자'가 전면에 대두된 시기

20세기, 20세기에 발달 심리학이 발달하면서 학습자에 대한 관심이 생겼다.

❷ 개인차의 문제 : 사람들은 모두 다르다.

– 이것은 어디에서 나타나나?

→ 학습속도나 학습 수준, 관심거리, 발달수준 적성 인성 등등 여러 면에서 나타난다.

(이중 두 가지 이상 쓰면 됨)

❸ 교육과정은 무엇을 반영해야 하나? ↱ 중요
– 학습자들의 발달수준이나 소질, 적성, 진로 등등 을 반영해야 한다.
– 학습자들이 최상의 이익을 얻을 수 있어야 한다.
– 이를 위해 학습과정에 대한 심리학적 이해가 필요하다. ↳ 이것이 학습자 요구 분석을 하는 이유

❹ 교육과정은 개개인의 발달에 도움을 줘야 한다.
또한 교육과정은 학생들의 개인차와 집단차를 고려하여 학생들의 가치 있는 발달을 도울 수 있는 아이디어를 엄선해서 제안해 주는 것이다.

※ 다음 시간 숙제
교육과정 결정 요인 세 가지 중 하나를 선택해서 현재 한국의 교육과정에 어떤 영향을 미쳤는지 조사해 오기

2.
1) ❷ 2) ❹
3) ❸ 4) ○, ○

09 도시의 기후

[강의 듣기 1]

[어휘]
1. 기상 ❼ 2. 운량 ❸ 3. 풍속 ❶
4. 일사량 ❷ 5. 습도 ❹ 6. 대기 ❻
7. 등온선 ❺

1.

1. 도시 기후란?
정의: 같은 기상 조건하에 있는 지역 안에서 주변 농촌의 기후와 다르게 나타나는 도시 기후
도시화의 진전에 따른 기후 변화
• 감소: 일사량, 풍속, 습도
• 증가: 기온, 운량, 대기 중의 오염 물질
도시 기후 형성의 원인: 도시의 확장, 도시 산업의 발달

2. 도시 기후의 대표적인 현상
1) 기온 상승
2) 집중 호우와 탈수 현상
3) 대기오염

1) 기온 상승
'도시 기온' 또는 '열섬 heat island': 도시는 주변 지역보다 기온이 높음.

(1) 열섬이라 부르는 이유: 도시의 기온 분포가 섬의 등고선처럼 폐곡선으로 나타나서
(2) 열섬의 형성: 도시의 열에너지가 도시 상공의 대기를 가열해서 생김.

* 야간에 더 심한 이유: 고층 빌딩과 도로의 열 흡수와 저장이 용이함.
(3) 열섬에 영향을 미치는 요인: 도시의 크기, 도시의 기능, 주변의 지형 조건
(4) 열섬이 가장 뚜렷한 때: 겨울철 맑은 날, 기온이 가장 낮을 때 ↘
숙제: 이유 생각해 올 것, 다음 시간까지

2.
1) 어떤 부분입니까? : 처음 시작 부분
어떻게 알 수 있습니까?
: '오늘은', '자 이제 슬슬 오늘 할 얘기를 시작해 봅시다.' 등의 시작을 알리는 발화가 있어서 알 수 있다.
2) 지난 시간: 일반적인 기후 현상
다음 시간: 농촌, 바닷가 지역의 기후
3) ❶, 이유 : "여러분, 우리는 과학을 공부하고 있죠." "이게 바로 우리 과학을 공부하는 사람들이 해야 하는 거고요" 등의 과학을 공부하는 사람들임을 환기시키고 있기 때문이다.

모범 답안

4) ❶ × ❷ ○

[강의 듣기 2]

[어휘]

1. 강수량 ❼ 2. 지표면 ❶ 3. 이슬비 ❷
4. 호우 ❺ 5. 토양수 ❸ 6. 기화열 ❹
7. 증발 ❻

1.

2) 집중 호우와 탈수 현상
: (1) 집중 호우← 도시의 지붕 구조, (2) 탈수 현상 ← 포장된 노면

- 도시 지역의 강수 현상?

1년 강수량 : 주변보다 적음
이슬비 : 빈도가 훨씬 많음.
집중 호우: 잦은 편임.

(1) 집중 호우 현상
도시의 지붕 구조 때문임.
→ 실제 빗물이 땅에 닿는 부분이 적음.
→ 일정한 크기의 땅에 내리는 강수량이 많아짐

예 건폐율 50%, 60mm의 비가 올 경우: 지면에 닿는 양이 2배(120mm)가 됨.
90%, 20mm의 비: 거의 200mm가 됨.

(2) 탈수 현상
: 포장된 도로 때문임.

- 비가 땅속으로 스미지 못함. → 비가 그치면 바싹 마르는 탈수 현상이 나타남.

cf) 농촌의 경우

- 땅 속의 물이 지표면으로 빨아 올려져서 계속 증발하고 있음.
- 식물들이 기화열로 열을 소비함.

도심 탈수 현상의 예 1995년 여름의 도심 더위: 자세한 내용은 집에서 찾아 볼 것
↘ 숙제

3) 대기 오염

2.

1) 도시의 집중 호우와 탈수 현상
2) 도시에는 집중 호우와 탈수 현상이 나타나는데, 집중 호우는 도시의 지붕 구조 때문이고, 탈수 현상은 포장된 노면 때문이다.
3) 지붕들이 서로 잇닿아 있고 지역이 길에 의해서 블록으로 나뉘어 있다. 즉 지붕이 제2의 지표면 역할을 한다. 그래서 지붕으로 가려지지 않은 지역, 즉 실제 빗물이 닿는 지역은 작아지게 되므로 빗물이 모여 쏟아지게 된다.
4) ❶ ○ ❷ ○ ❸ ×

10 문학과 비평

[강의 듣기 1]

[어휘]

1. 비평 ❻ 2. 사실주의 ❶ 3.전기 ❺
4. 생애 ❷ 5. 객관적 ❹ 6. 패러다임 ❼
7. 형상 ❸

1.

제1장 역사 · 전기적 비평 방법

1) 특징
작가의 전기가 중요함. 작가의 전기적 사실을 작품 분석에 적용 ↘ 한 인물이 죽을 때까지 무엇을 하고 살았는지를 적은 기록

2) 사상적 배경

패러다임(paradigm)의 대전환

주관적 사고		객관적 사고
• 인상주의 비평	→	• 역사 · 전기적 비평

자연과학의 영향
17C 말: 다윈의 진화론

3) 문학 창작 경향
❶ 사실주의, 리얼리즘 문학 발달 : 현실을 있는 그

대로 그리자
❷ 전기 문학 발달 (영국) : 작가의 일생을 작품화

2.

1)

9주	중간시험 기간	배운 비평 방법을 써서 문학 작품 분석

2) (❹) – (❸) – (❶) – (❷) – (❺)

3) ❹

4) ❶ ○ ❷ × ❸ ×

[강의 듣기 2]

[어휘]

1. 파헤친다 ❺ 2. 사생활 ❸ 3. 영향 ❼
4. 잡다한 ❶ 5. 해석하는 ❻ 6. 맞먹는 ❷
7. 연관 ❹

1.

역사 · 전기적 비평의 연구 방법

1. 주요 연구 방법: **작가의 일생, 작가의 전기**를 연구 **생애와 작품을 연결시켜 해석하는 것**이 가장 중요

작가 연구의 예

작가	성향	작품
김기림	**새로운 변화를 추구하는 경향**	〈기상도〉의 잡다한 이미지
이효석	**외래문화 애호 경향**	서구 지향적 소재, 이그조티시즘 (exoticism)

2.

1) 인상주의 비평

2) 역사 · 전기적 비평 방법에서 가장 많이 하는 연구인 작가 연구인데, 먼저 작가 개인의 자료를 수집하고, 수집한 자료로 작가의 전기를 집필한다. 이렇게 구성한 전기적 사실을 가지고 작품을 해석한다.

3) ❹

4) ❹